Einführung.

Die Enzyklopädie der Rechts- und Staatswissenschaft ist in erster Linie der studierenden Jugend gewidmet. In knappster Form will sie den an den Universitäten vorgetragenen Lehrstoff vorführen, eine Übersicht bieten und zum Arbeiten anleiten. Aber sie will dem Studierenden auch zeigen, daß er eine Kunst und kein Handwerk erlernt; daß „Lernen" hier heißt: die ganze Person einsetzen, nachdenken und an Hand der überall angeführten Hilfsmittel weiterdenken, was andere gedacht haben. Vielleicht ist die Enzyklopädie aber auch dem Fertigen willkommen, der aus der Arbeit des Tages heraus einmal wieder das Ganze, wie es heute sich darstellt, überschauen möchte; vielleicht auch dem Nichtfachmann, den Neigung oder Beruf an Fragen der Rechts- oder Staatswissenschaften heranführen. Beides wenigstens ist unser Wunsch. Die Vorarbeiten zu dem Unternehmen, das zunächst als Fortführung von Birkmeyers Enzyklopädie geplant war, waren bereits im Sommer 1914 abgeschlossen. Der Krieg gebot einen Aufschub und seine Folgen stellten das Zustandekommen zeitweilig überhaupt in Frage. Dem Mut der Verlagsbuchhandlung ist es zu danken, daß der Abschluß gelungen ist. Freilich, vieles hat sich auch für uns geändert. So fehlt der Name dessen, der 1914 mit an die Spitze getreten war und bis zu seinem Tode das Unternehmen betreut hat: der Name von Franz von Liszt. Möge es den Herausgebern golungen sein, das Werk in seinem Geiste fortzuführen!

Die Herausgeber.

Das Inhaltsverzeichnis der 3 Bände siehe 3. und 4. Umschlagseite

ENZYKLOPÄDIE DER RECHTS- UND STAATSWISSENSCHAFT

HERAUSGEGEBEN VON

E. KOHLRAUSCH · W. KASKEL · A. SPIETHOFF

ABTEILUNG RECHTSWISSENSCHAFT

HERAUSGEGEBEN VON

DR. EDUARD KOHLRAUSCH
PROFESSOR AN DER UNIVERSITÄT
BERLIN

DR. WALTER KASKEL
PROFESSOR AN DER UNIVERSITÄT
BERLIN

VII

BÜRGERLICHES RECHT
ALLGEMEINER TEIL

VON

DR. ANDREAS V. TUHR
GEH. JUSTIZRAT, PROFESSOR AN DER
UNIVERSITÄT ZÜRICH

SPRINGER-VERLAG BERLIN HEIDELBERG GMBH 1923

BÜRGERLICHES RECHT
ALLGEMEINER TEIL

VON

DR. ANDREAS v. TUHR
GEH. JUSTIZRAT, PROFESSOR AN DER UNIVERSITÄT
ZÜRICH

SPRINGER-VERLAG BERLIN HEIDELBERG GMBH 1923

ISBN 978-3-642-93808-5 ISBN 978-3-642-94208-2 (eBook)
DOI 10.1007/978-3-642-94208-2

Inhaltsverzeichnis.

Erstes Kapitel.

Das objektive Recht.

Zweites Kapitel.

Die subjektiven Rechte.

Drittes Kapitel.

Die natürlichen Personen.

Viertes Kapitel.

Juristische Personen.

Fünftes Kapitel.

Die Sachen.

Sechstes Kapitel.

Entstehung und Untergang der Rechte.

Siebentes Kapitel.

Das Rechtsgeschäft.

Achtes Kapitel.

Das Unrecht.

Neuntes Kapitel.

Die Zeit.

Zehntes Kapitel.

Ausübung der Rechte.

Erstes Kapitel.

Das objektive Recht.

§ 1. Begriff und Quellen des objektiven Rechts.

Das Wort Recht wird in zwei Bedeutungen gebraucht: Recht im objektiven Sinn ist eine Regel oder eine Gesamtheit von Regeln, die in einer organisierten Gemeinschaft von Menschen als verbindlich für das Verhalten der einzelnen anerkannt wird, während das Recht im subjektiven Sinn eine Befugnis bedeutet, die sich für den einzelnen aus den Vorschriften des objektiven Rechtes ergibt.

Das objektive Recht kommt in zwei Erscheinungsformen vor: als Gesetz und als Gewohnheit. Unter Gesetz versteht man im weiteren Sinn eine von den dazu berufenen Vertretern des Staates aufgestellte und gewöhnlich schriftlich formulierte Vorschrift; Gesetz im engeren Sinne ist nach heutigem Staatsrecht eine Vorschrift, die unter Mitwirkung der Volksvertretung, „im Wege der Gesetzgebung" erlassen ist, im Gegensatz zu den Verordnungen, die ohne Mitwirkung der Volksvertretung von den nach Maßgabe der Verfassung zuständigen Staatsorganen erlassen werden. Gewohnheitsrecht ist eine Vorschrift, die in tatsächlicher längerer Übung und in der Überzeugung der rechtlichen Verbindlichkeit (opinione necessitatis) von den beteiligten Volkskreisen befolgt und als maßgebend anerkannt wird. Während in der Gesetzgebung eine bewußte Rechtsproduktion durch ausdrücklichen Willen eines Gesetzgebers stattfindet, wirkt die Gewohnheit rechtserzeugend und rechtsverändernd, ohne daß diese Vorgänge den beteiligten Personen zum Bewußtsein kommen.

§ 2. Das Bürgerliche Gesetzbuch.

I. Vorgeschichte. Infolge der um das Jahr 1500 vollendeten Rezeption des römischen Rechts herrschte in Deutschland ein auf römischen und germanischen Elementen in bunter Mischung beruhender Rechtszustand. Das Corpus juris galt als gemeines Recht, aber nur subsidiär hinter partikulären, aus germanischem Rechte stammenden Gewohnheiten. Im 18. Jahrhundert beginnt eine Reaktion gegen das fremde Recht, die in einer Reihe größerer Staaten zu einer Verdrängung des Corpus juris durch eine einheitliche Gesetzgebung in deutscher Sprache führt. Diese Gesetzgebungen (Kodifikationen) sind: das Allgemeine Landrecht für die Preußischen Staaten von 1794; der Code civil von 1804, der nach dem Sturz der Napoleonischen Herrschaft im linksrheinischen Deutschland in Geltung blieb und 1809 in deutscher Übersetzung im Großherzogtum Baden als Badisches Landrecht eingeführt wurde; das Bürgerliche Gesetzbuch für Österreich von 1811, durch dessen Erlaß Österreich aus der bisherigen Rechtsgemeinschaft mit Deutschland ausschied; und als Nachzügler das Bürgerliche Gesetzbuch für das Königreich Sachsen von 1863.

Mit den ersten Bestrebungen nach politischer Einheit Deutschlands entsteht der Gedanke eines einheitlichen bürgerlichen Rechts. Noch während der Befreiungskriege verlangte der Heidelberger Pandektist THIBAUT die Abfassung eines solchen Gesetzbuchs. Ihm trat SAVIGNY mit der ganzen Wucht seiner wissenschaftlichen Autorität entgegen und eröffnete die das 19. Jahrhundert beherrschende historische Richtung der Jurisprudenz. Die Einheitsbestrebungen kamen wie auf politischem so auf juristischem Gebiet zum Stillstand. Auch fehlte es im Deutschen Bunde an einem gesetzgeberischen Organ. Immerhin war das Bedürfnis nach Rechtseinheit in Handel und Verkehr so stark, daß 1848 eine Wechselordnung und 1861 ein Handelsgesetzbuch zustande kamen; diese Gesetze wurden in allen deutschen Staaten übereinstimmend eingeführt und daher als allgemeines Recht bezeichnet. Auch wurden Vorarbeiten zu einem Obligationenrecht für die deutschen Staaten begonnen (sog. Dresdener Entwurf). In der Verfassung des Norddeutschen Bundes und des Deutschen Reiches war gemeinsame Gesetzgebung für das Obligationenrecht vorgesehen. Die Kompetenz des Reiches wurde 1873 auf das gesamte bürgerliche Recht ausgedehnt.

II. Entstehung des BGB. Im Jahre 1874 wurde eine Kommission von 10 Mitgliedern unter dem Vorsitz von Dr. PAPE, Präsidenten des Reichsoberhandelsgerichts, eingesetzt, aus deren überaus gründlicher Arbeit im Jahre 1888 der sog. erste Entwurf mit Motiven hervorging. Der Entwurf beruht auf einer Auswahl aus den bisherigen Rechten und erfuhr im allgemeinen eine ungünstige Beurteilung: man fand, daß der Entwurf in der Form zu theoretisch, im Inhalt zu romanistisch sei und den Bedürfnissen des heutigen Lebens nicht genügend entgegenkomme. Der Entwurf wurde 1891 einer zweiten Kommission von 22 Mitgliedern überwiesen, welche ihn in Form und Inhalt vollständig überarbeitete. Im Jahr 1895 wurde der sog. zweite Entwurf publiziert; auch die Protokolle der 2. Kommission wurden veröffentlicht. Der 2. Entwurf wurde mit einigen Abänderungen des Bundesrats und einer im Reichsjustizamt ausgearbeiteten Denkschrift dem Reichstag vorgelegt. In der Kommission und im Plenum des Reichstags erlitt der Entwurf noch einige Änderungen und wurde am 1. 7. 1896 vom Reichstag angenommen, am 18. 8. 1996 vom Kaiser vollzogen und ist am 1. 1. 1900 in Kraft getreten.

III. Das BGB. zerfällt in 2385 Paragraphen und besteht entsprechend dem im gemeinen Recht üblichen System aus fünf Büchern, die den sog. allgemeinen Teil, das Recht der Schuldverhältnisse (Obligationenrecht), das Sachenrecht, Familienrecht und das Erbrecht behandeln. Jedes Buch ist in Abschnitte und diese wieder in Titel zerlegt. Abweichend vom Pandektensystem ist das Obligationenrecht vor das Sachenrecht gestellt. Der allgemeine Teil enthält die Bestimmungen, die wegen ihrer Tragweite in keinem der übrigen Bücher des BGB. Platz finden konnten, insbesondere das Recht der Personen, der Sachen und der Rechtsgeschäfte. Inhaltlich ist das BGB. auch in seiner jetzigen Gestalt ein Produkt der aus römischen und germanischen Elementen erwachsenen Rechtswissenschaft des 19. Jahrhunderts. Die Systematik und die Ausbildung der technischen Begriffe gehen wesentlich auf das römische Recht zurück. Germanische Rechtsgedanken sind in wichtigen Materien des Sachenrechts und des Familienrechts durchgedrungen. Im Recht der Schuldverhältnisse sind soziale Bestrebungen der Gegenwart zum Ausdruck gekommen.

IV. Gleichzeitig mit dem BGB. ist das Einführungsgesetz (EG.) beraten worden und am 1. 1. 1900 in Kraft getreten. Es enthält in 218 Artikeln: eine (lückenhafte) Regelung des internationalen Privatrechts, ferner Bestimmungen über das Verhältnis des BGB. zum älteren Reichsrecht und zum Landesrecht; und endlich ausführliche Übergangsvorschriften, durch die die Anwendung des BGB. auf die zur Zeit seines Inkrafttretens bestehenden Rechtsverhältnisse geordnet wird. Grundsätzlich hat das neue Recht keine rückwirkende Kraft, so daß Rechtswirkungen, die vor dem 1. 1. 1900 eingetreten sind, bestehen bleiben. Die Durchführung dieses Grundsatzes bietet große Schwierigkeiten, die durch zahlreiche spezielle Bestimmungen gelöst werden. Da das Immobiliarsachenrecht des BGB. ein Grundbuch voraussetzt und ein solches nicht in allen Teilen Deutschlands bestand, soll das neue Immobiliarsachenrecht in seinen wesentlichen Stücken erst dann in Kraft treten, wenn durch landesherrliche Verordnung bestimmt ist, daß das Grundbuch für einen Bezirk als angelegt anzusehen ist, Art. 185, 189.

V. Zur Ergänzung des BGB. dienen die sog. Nebengesetze: die Grundbuchordnung (GBO.) und das Gesetz über Zwangsversteigerung und Zwangsverwaltung von Grundstücken (ZVG.), beide vom 24. 3. 1897, sowie das Gesetz über Angelegenheiten der freiwilligen Gerichtsbarkeit (GFG.) vom 17. 5. 1898. Zum Zweck der Anpassung an das BGB. wurden das Handelsgesetzbuch, die Zivilprozeßordnung und die Konkursordnung neu bearbeitet. Diese Gesetzbücher in ihrer neuen Fassung sind wie die Nebengesetze zugleich mit dem BGB. in Kraft getreten.

§ 3. Verhältnis des BGB. zum sonstigen Reichsrecht und zum Landesrecht.

I. Nach Art. 32 des EG. bleibt das bei Inkrafttreten des BGB. geltende auf Reichsgesetzen beruhende Privatrecht bestehen, soweit sich nicht aus dem BGB. oder dem EG. die Aufhebung ergibt. Einzelne Reichsgesetze sind in Art. 34ff. durch Änderungen in Übereinstimmung mit dem BGB. gebracht. Eine Aufhebung älterer Reichsgesetze kann sich aus dem widersprechenden Inhalt des BGB. ergeben. Ob ein Widerspruch vorliegt, ist durch Auslegung zu ermitteln, wobei die Regel: lex posterior generalis non derogat priori speciali zu beachten ist. Jüngeres Reichsrecht geht dem BGB. selbstverständlich vor. Einige Bestimmungen des BGB. (§§ 72, 573, 574, 833) sind bereits durch Spezialgesetz geändert worden.

II. Das Verhältnis des BGB. zum Landesrecht beruht auf der Reichsverfassung Art. 2, wonach Reichsgesetze den Landesgesetzen vorgehen, und Art. 4, wonach dem Reich die Gesetzgebung über das gesamte bürgerliche Recht zusteht. Auf dieser Grundlage bestimmt Art. 55 des EG., daß die privatrechtlichen Vorschriften der Landesgesetze außer Kraft treten, soweit nicht im BGB. oder im EG. ein anderes bestimmt ist. Aufgehoben ist das Landesprivatrecht (gemeines und partikuläres Recht, Gesetz und Gewohnheitsrecht) in seiner Gesamtheit, auch soweit es mit dem BGB. übereinstimmt oder Fragen behandelt, die im BGB. nicht entschieden sind. Lücken des BGB. können nicht aus dem Landesrecht ergänzt werden. Aufgehoben ist aber nur das Privatrecht, nicht das öffentliche Recht der Bundesstaaten. Ob ein Rechtssatz dem öffentlichen Recht angehört, ist vom Standpunkt des Landesrechts aus zu beurteilen.

Das EG. hat in Art. 56ff. zahlreiche Rechtsmaterien in verschiedenem Umfang dem Landesrecht vorbehalten, und zwar so, daß für diese Materien auch neue landesgesetzliche Vorschriften erlassen werden können, Art. 3. Da diese Vorbehalte nicht auf der Reichsverfassung beruhen, sind sie keine Reservatrechte der Bundesstaaten und können durch Reichsgesetz aufgehoben werden. Sie beziehen sich zum Teil auf Grenzgebiete des privaten und öffentlichen Rechtes (z. B. Art. 77: Haftung des Staates für rechtswidrige Handlungen seiner Beamten), zum anderen Teil auf Rechtsfragen, die mit örtlichen Verhältnissen eng zusammenhängen (z. B. das Wasserrecht, Jagdrecht, Bergrecht). Der Vorbehalt des Verlags- und des Versicherungsrechtes ist mittlerweilen durch reichsgesetzliche Regelung dieser Materien erledigt (Reichsg. über das Verlagsrecht 1901, über den Versicherungsvertrag 1908.)

Zur Anpassung des bestehenbleibenden Landesrechts an das BGB. haben die Bundesstaaten Ausführungsgesetze erlassen.

§ 4. Anwendung des Rechtes.

I. Maßgebend ist nicht der Wortlaut, sondern der Sinn des Gesetzes. Die Feststellung des Sinnes nennt man Auslegung (Interpretation). Jedes noch so präzis gefaßte Gesetz bedarf der Auslegung; denn die Rechtssätze sind in der Regel abstrakt formuliert und müssen daher in der Anwendung auf die konkreten Tatbestände oft zu Zweifeln führen. Das nächstliegende Mittel der Auslegung ist die Erforschung der Absichten, die die an der Herstellung des Gesetzes beteiligten Personen hatten, und der Vorstellungen, die sich diese Personen von der Tragweite des von ihnen gewählten Textes machten. Aufschluß darüber geben die sog. Materialien (Motive, Protokolle, Denkschrift). Jedoch ist zu beachten, daß die zahlreichen beim Zustandekommen des Gesetzes mitwirkenden Personen über die Bedeutung des Wortlautes verschiedene Meinungen haben konnten. Als richtiger Sinn, als sog. Wille des Gesetzes, hat daher die Bedeutung zu gelten, die eine Gesetzesvorschrift haben muß, um in organischem, logisch befriedigendem Zusammenhang mit den übrigen Stücken der Rechtsordnung zu stehen. Man darf dabei von dem Postulat ausgehen, daß die Rechtsordnung, wenn sie auch stückweise entsteht und mit Mängeln behaftet ist, sich als einheitliches Geistesprodukt darstellen soll, das die Lebensverhältnisse in möglichst zweckmäßiger und harmonischer Weise ordnet. Im Vergleich zum Wortlaut ist das Resultat der Auslegung entweder ausdehnend (extensiv), wenn konstatiert wird, daß die Bedeutung eines Rechtssatzes über seinen nächstliegenden grammatikalischen Sinn hinausgeht; oder einschränkend (restriktiv).

II. Jenseits der Grenzen der ausdehnenden Auslegung liegt das von jeher geübte und als zulässig betrachtete Verfahren der Analogie oder entsprechenden Anwendung eines Rechtssatzes. Während die ausdehnende Auslegung dem Gesetz einen möglichst weiten, aber immer noch mit dem Wortlaut vereinbarten Anwendungsraum gibt, besteht die Analogie darin, daß ein Rechtssatz auf einen Tatbestand angewendet wird, der außerhalb des Wortlautes des Gesetzes liegt, aber mit dem vom Gesetz entschiedenen Tatbestand in rechtlicher Beziehung wesensgleich ist. Dieses mit Vorsicht und Takt zu übende Verfahren beruht auf dem Postulat: ubi eadem legis ratio, ibi eadem dispositio, und ermöglicht die sachgemäße Entscheidung von Fällen, die nicht im Horizont des Gesetzgebers lagen oder von ihm in Vermeidung zu weit gehender Kasuistik unbeachtet gelassen wurden.

Die Analogie beruht auf einer Abwägung des juristischen Werts der Tatbestandsmomente. Ist das vom gesetzlichen Tatbestand abweichende Stück juristisch gleichgültig, so ist Analogie am Platz. Ist das Unterscheidungsmerkmal von so großer Wichtigkeit, daß beide Tatbestände nicht als wesensgleich erscheinen, so kann der Rechtssatz auf den nichtgeregelten Tatbestand nicht angewendet werden: Umkehrschluß, sog. argumentum a contrario. Die Entscheidung zwischen Analogie und Umkehrschluß beruht nicht auf logischer Deduktion, sondern auf einem Werturteil. Die Anwendung oder Ablehnung der Analogie ist daher sehr oft streitig und kann nicht als richtig bewiesen, sondern nur als zweckmäßig und gerecht verteidigt werden.

III. Kann eine Lücke des Gesetzes weder durch Auslegung noch durch Analogie ausgefüllt werden, so darf der Richter die Entscheidung nicht ablehnen, sondern hat in Ergänzung des Gesetzes nach pflichtgemäßem Ermessen eine Entscheidung zu suchen, die mit der Natur der Sache und den Anforderungen der Billigkeit am besten übereinstimmt. Dabei hat der Richter die Resultate zu beachten, zu denen der Gesetzgeber bei seiner Abwägung der typischen Interessenlagen gelangt ist: er hat „im Sinne des Gesetzes“ zu entscheiden. Nur in Ermangelung solcher Anhaltspunkte hat der Richter die Abwägung der Interessen selbst vorzunehmen und, wie das Schweizerische Zivilgesetzbuch in Art. 1 zutreffend formuliert, nach der Regel zu entscheiden, die er als Gesetzgeber aufstellen würde.

Dagegen darf der Richter gegenüber einer Vorschrift des Gesetzes seine abweichende persönliche Anschauung über das, was Recht sein sollte, nicht zur Geltung bringen. Abzulehnen ist die in neuester Zeit entstandene, aber bereits im Abflauen begriffene Bewegung, die dem Richter die Befugnis der freien Rechtsfindung auch contra legem zuspricht oder wenigstens in den vom Gesetz nicht ausdrücklich entschiedenen Fällen. Eine solche Methode würde vielleicht in einzelnen Fällen zu angemesseneren Entscheidungen führen, würde aber das wichtigere allgemeine Interesse an der Gleichmäßigkeit und Sicherheit der Rechtsprechung gefährden. Nur in seltenen Ausnahmefällen darf der Richter von einer gesetzlichen Vorschrift abweichen, wenn sie zu einem ganz unbilligen Resultat führen würde, das den Erwägungen des Gesetzgebers offensichtlich fern gelegen hat. Denn der Richter hat zwar die Befehle des Gesetzes zu befolgen, aber nicht in blindem Gehorsam, sondern in vernünftiger Anpassung an die Zwecke des Befehlenden.

IV. Die Auslegung des Gesetzes durch den Richter gilt nur für den einzelnen, seiner Beurteilung unterliegenden Fall. Auch die Entscheidungen des Reichsgerichts sind weder für diesen Gerichtshof noch für die untergeordneten Gerichte bei der Entscheidung ähnlicher Fälle verbindlich. Es liegt aber in der menschlichen Natur, daß der Richter nicht ohne erheblichen Grund von einer einmal geäußerten Ansicht abweicht, und es entspricht dem Bedürfnis der Rechtssicherheit, daß eine feste Praxis befolgt wird. So entsteht ein Gerichtsgebrauch, der zwar noch kein Gewohnheitsrecht ist und eine erneute Prüfung der Rechtsfrage nicht ausschließt, aber bei langer Dauer zur Entstehung eines Gewohnheitsrechts führen kann.

V. Aus der überreichen Literatur zum BGB. können hier nur erwähnt werden: die Kommentare von PLANCK und STAUDINGER sowie der Kommentar von OERTMANN zum Allg. Teil; die Lehrbücher von ENNECCERUS-KIPP-WOLFF, ENDEMANN, COSACK, CROME, DERNBURG, KOHLER; die Darstellungen des Allg. Teiles von BIERMANN und V. TUHR.

§ 5. Arten der Rechtssätze.

I. Sieht man auf den logischen Inhalt der Rechtssätze, so ergibt sich folgende Unterscheidung:

1. Zahlreiche Rechtssätze enthalten Imperative (Gebote und Verbote), durch die das Gesetz die menschlichen Handlungen regelt. Solche Vorschriften kann man Rechtsnormen nennen. So ist dem Schuldner eine dem Gläubiger zugute kommende Handlungsweise vorgeschrieben; aus dem Eigentum ergibt sich ein an alle Dritte gerichtetes Störungsverbot. Die Normen wenden sich in erster Linie an die beteiligten Privatpersonen und begründen für sie Rechtspflichten. Die Normen sind aber auch maßgebend für den Richter und andere Staatsorgane, die das Verhalten der Menschen zu beurteilen haben. Daneben gibt es Vorschriften, die nur das Verhalten der Beamten in rechtlichen Angelegenheiten betreffen; so zahlreiche Vorschriften des Zivilprozesses und der freiwilligen Gerichtsbarkeit.

2. Neben den Geboten und Verboten stehen Rechtssätze, durch die einem Menschen eine rechtliche Macht eingeräumt wird: rechtsgewährende oder rechtsverleihende Rechtssätze: dem Eigentümer ist die Herrschaft über die Sache verliehen; dem Gläubiger die Befugnis, vom Schuldner eine Leistung zu verlangen; ferner verleiht das Gesetz den Privatpersonen die rechtliche Möglichkeit, durch Verträge und einseitige Erklärungen Rechtswirkungen herbeizuführen und dadurch ihre Rechtsverhältnisse zu gestalten. Diese Befugnis kann man Privatautonomie nennen.

3. Außer den Rechtsnormen und den gewährenden Rechtssätzen kennt jede Gesetzgebung Hilfssätze, die nur in Verbindung mit einem anderen Rechtssatz zur Geltung kommen. Zu dieser Gruppe gehören: die gesetzlichen Definitionen;

die Rechtssätze, die den Inhalt eines anderen Satzes für gewisse Fälle erweitern, einschränken oder abändern; und die im BGB. häufig vorkommenden Verweisungen auf andere Bestimmungen des Gesetzes.

II. Nach dem Verhältnis zum Willen der beteiligten Personen zerfällt das Recht in:

1. zwingendes Recht, jus cogens, das durch den Willen der Parteien nicht abgeändert werden kann. Während das öffentliche Recht meist zwingender Natur ist, sind die Rechtssätze des Privatrechts nur dann zwingend, wenn ihnen ein öffentliches Interesse an einer bestimmten Regelung eines Privatrechtsverhältnisses zugrunde liegt. Zwingend sind z. B. die Rechtssätze über das Verhältnis der Eltern zu den Kindern und über das persönliche Verhältnis der Ehegatten zueinander; die Formvorschriften; der größte Teil des Immobiliarsachenrechts; gewisse zum Schutz des Schuldners dienende Bestimmungen des Obligationenrechts; im Erbrecht die Vorschriften über den Pflichtteil. Unter den zwingenden Rechtssätzen, die den Abschluß von Rechtsgeschäften betreffen, unterscheidet man Mußvorschriften (von deren Beobachtung die Gültigkeit des Geschäftes abhängt) und Sollvorschriften (deren Verletzung die Gültigkeit des Geschäftes nicht beeinträchtigt).

2. Die meisten Rechtssätze des Privatrechts sind nachgiebig (dispositiv). Sie gelten nur in Ermangelung einer von den Beteiligten getroffenen Bestimmung und können daher durch den Willen der Parteien ausgeschlossen werden. So gilt z. B. das gesetzliche Erbrecht subsidiär für den Fall, daß der Erblasser keine Verfügung von Todes wegen hinterläßt. Das nachgiebige Recht dient oft zur Ergänzung von Rechtsgeschäften, indem es aus dem Rechtsgeschäft sich ergebende Fragen entscheidet, die die Parteien zu regeln unterlassen haben. Vom ergänzenden Recht ist zu unterscheiden das auslegende: es setzt voraus, daß die Parteien eine Bestimmung getroffen haben, deren Sinn mehrdeutig ist, und schreibt vor, welche Bedeutung „im Zweifel“ zu gelten hat; die Auslegungsregel kommt nicht zur Anwendung, wenn sich aus den Umständen ergibt, daß die Parteien ihrer Bestimmung eine andere Bedeutung beigelegt haben.

III. Der Unterschied des strengen und des billigen Rechts (jus strictum und jus aequum) liegt darin, daß im ersteren Falle der Rechtssatz so genau fixiert ist, daß für eine Berücksichtigung der stets verschiedenen Umstände des Einzelfalles kein Platz bleibt. Als Beispiel kann dienen: die Abstufung der Geschäftsfähigkeit nach festen Altersgrenzen (ohne Rücksicht auf die individuelle Reife des Menschen); die Festsetzung der Verzugszinsen auf 4% (ohne Rücksicht darauf, ob der Verzugsschaden diesen Betrag erreicht); die Kündigungsfristen bei Miete und Dienstvertrag. Ein Rechtssatz gehört dem billigen Recht an, wenn seine Voraussetzungen oder Rechtsfolgen so elastisch formuliert sind, daß die Anwendung des Rechtssatzes dem Umständen des einzelnen Falles angepaßt werden kann. Elastisch in bezug auf die Voraussetzungen sind z. B. die Rechtssätze, nach denen gewisse Rechtsverhältnisse „aus wichtigem Grunde“ aufgelöst werden können; ebenso die Ehescheidung aus den sog. relativen Gründen des § 1568. Elastisch in bezug auf die Rechtswirkung sind z. B. die Rechtssätze, nach denen jemand befugt ist, eine „angemessene Frist“ zu setzen, oder eine „billige Entschädigung“, § 847, zu verlangen, sowie der Grundsatz, daß die Leistung des Schuldners sich nach Treu und Glauben (bona fides) bemißt.

IV. Vermutungen (Praesumptionen) sind Vorschriften, nach denen bei Vorliegen gewisser Tatsachen eine andere Tatsache als vorhanden betrachtet werden soll, solange das Gegenteil nicht bewiesen ist. So wird nach § 891 vermutet, daß ein Eintrag im Grundbuch richtig ist, nach § 1006, daß der Besitzer einer beweglichen Sache Eigentümer ist. Infolgedessen braucht, wer im Grundbuch eingetragen oder im Besitze einer Mobilie ist und Eigentum behauptet, diese Behauptung nicht zu beweisen. Die Vermutungen gehören, wie alle den Beweis betreffenden Rechtssätze, in das Gebiet des Zivilprozesses, obgleich sie ihren Platz im BGB. gefunden haben.

V. Von den Vermutungen sind zu unterscheiden die im BGB. häufig vorkommenden Fiktionen: das Gesetz schreibt vor, daß die Tatsache b als Tatsache a „gelten" soll; so sollen z. B. nach § 911 Früchte, die auf ein Nachbargrundstück herüberfallen, als Früchte dieses Grundstücks gelten; nach § 108 II soll, wenn auf eine an den gesetzlichen Vertreter ergangene Aufforderung binnen 2 Wochen keine Erklärung erfolgt, das Ausbleiben der Erklärung als Verweigerung der Genehmigung gelten. Die Fiktionen gehören dem materiellen Recht an. Sie sind ein technisches Hilfsmittel, dessen sich der Gesetzgeber bedient, um Rechtsfolgen, die er zunächst für den Tatbestand a angeordnet hat, auf einen anderen Tatbestand b auszudehnen: dem Rechte, das für die Früchte, d. h. die Erzeugnisse eines Grundstückes gilt, wird durch die Fiktion des § 911 die vom Nachbargrundstück übergefallene Frucht unterworfen; die Rechtsfolgen der Verweigerung der Genehmigung sollen vermöge der Fiktion des § 108 auch dann eintreten, wenn eine Antwort ausgeblieben ist. Die Fiktion kann, im Unterschied zur Vermutung, nicht durch Gegenbeweis beseitigt werden. Sie wirkt auch dann, wenn feststeht, daß der fingierte Tatbestand in Wirklichkeit nicht vorliegt; so z. B. wenn nachgewiesen wird, daß der gesetzliche Vertreter beim Unterlassen der Erklärung nicht die Absicht hatte, die Genehmigung zu verweigern.

Zweites Kapitel.

Die subjektiven Rechte.

§ 6. Recht, Pflicht, Rechtsverhältnis.

I. Recht im subjektiven Sinn ist eine dem Individuum von der Rechtsordnung verliehene Befugnis, vermöge deren der Berechtigte innerhalb gewisser Schranken seinen Willen zur Erreichung seiner selbstgewählten Zwecke betätigen kann. Das Recht schützt die Interessen des Berechtigten, indem es die Befriedigung seiner materiellen und geistigen Bedürfnisse gegen Eingriffe anderer Menschen sicherstellt: das Eigentum ermöglicht den ungestörten Genuß der Sache; die Forderung verschafft dem Gläubiger eine ihm zugute kommende Leistung des Schuldners.

Das wesentliche Element im Begriff des Rechtes ist nicht das geschützte Interesse, sondern die dem Schutz dieses Interesses dienende Willensmacht des Berechtigten. Daher ist das Vorliegen eines Interesses grundsätzlich nicht Voraussetzung der Ausübung des Rechts; der Eigentümer und der Gläubiger brauchen sich nicht darüber auszuweisen, welches Interesse sie an der Geltendmachung ihres Rechtes haben. Daher gibt es ferner Rechte, denen kein Interesse des Subjektes zugrunde liegt, z. B. die Rechte des Vormundes. Und es gibt endlich einen rechtlichen Schutz von Interessen, ohne daß den geschützten Personen ein Recht zusteht; das ist der Fall bei zahlreichen Vorschriften des Straf- und Polizeirechts, deren Durchführung nicht vom Willen der geschützten Personen abhängt.

Gegen die Auffassung des subjektiven Rechtes als Willensmacht ist eingewendet worden, daß willensunfähige Personen, Kinder und Geisteskranke, Rechte haben können. Dieser Einwand erledigt sich durch den Hinweis auf das Institut der Stellvertretung (vgl. unt. § 64): das Gesetz sorgt dafür, daß an Stelle und im Interesse des willensunfähigen Subjektes ein Vertreter den Willen betätigt, der dem Rechte des Vertretenen entspricht.

II. Der zweite Grundbegriff des Privatrechts, neben dem subjektiven Recht, ist die Rechtspflicht. Die Pflichten beruhen auf gesetzlichen Vorschriften, die in der Seele eines Menschen die Vorstellung eines Sollens hervorrufen. Die Erzwingung der Pflichten geschieht durch Klage gegen den Verpflichteten und Vollstreckung des Urteils in sein Vermögen (Haftung des Vermögens). Aus schuldhafter Pflichtverletzung entsteht neben anderen Nachteilen eine Verpflichtung zum Ersatz des Schadens, vgl. unten § 67.

Da der Inhalt der Pflicht ein Verhalten (Tun oder Unterlassen) des Verpflichteten ist, können nur willensfähige Menschen im genauen Sinne des Wortes Träger von Pflichten sein. Aber die Stellvertretung ermöglicht, auch den Begriff der Pflicht bei willensunfähigen Personen anzuwenden: die Verpflichtung solcher Personen ist so zu denken, daß ihr gesetzlicher Vertreter ihnen gegenüber zur Vornahme der Handlungen verpflichtet ist, auf die der Gegner ein Recht hat, und daß bei Unterbleiben dieser Handlung gegen den Willensunfähigen geklagt und das Urteil in sein Vermögen vollstreckt werden kann.

Die Pflichten sind oft die Kehrseite eines einem anderen Subjekte zustehenden Rechtes: dem Recht des Gläubigers entspricht die Pflicht des Schuldners; dem Recht des Eigentümers auf ungestörten Genuß der Sache die Pflicht dritter Personen zur Unterlassung von Eingriffen. Aber es gibt Rechte, aus denen keine Pflicht eines anderen Menschen erwächst (s. z. B. die Gestaltungsrechte, vgl. unten § 8 III, oder das Recht, eine Vormundschaft abzulehnen), und umgekehrt Pflichten, denen kein Recht eines anderen gegenübersteht, so z. B. die Aufsichtspflichten aus §§ 831, 832; erst aus der Verletzung solcher Pflichten entsteht für den Geschädigten eine Ersatzforderung gegen den Schuldigen.

In ungenauem Sprachgebrauch wird oft als Pflicht bezeichnet ein Verhalten, das jemandem als Voraussetzung für Erwerb, Wahrung oder Ausübung eines Rechtes vorgeschrieben ist. So spricht man z. B. von Pflichten des Gläubigers aus §§ 777 oder 1237, von einer Inventarpflicht des Erben, von einer Pflicht des Geschädigten zur Abwendung oder Minderung des Schadens (§ 254). Die Befolgung solcher Vorschriften liegt im eigenen Interesse des betreffenden Menschen; aus der Nichtbefolgung entstehen für ihn Nachteile, aber nicht die für die Pflichtverletzung charakteristische Schadensersatzpflicht.

III. Unter Rechtsverhältnis versteht man die Gesamtheit der Rechtsfolgen einer vom Gesetz anerkannten Beziehung zwischen zwei Personen oder zwischen einer Person und einer Sache. Eine solche Beziehung entsteht z. B. durch den Abschluß der Ehe oder eines sonstigen Vertrages; durch eine unerlaubte Handlung; oder durch die Tatsache der Verwandtschaft; zwischen Person und Sache entsteht eine Beziehung durch den Erwerb der rechtlichen oder auch nur tatsächlichen Herrschaft. Rechtsverhältnis bedeutet die Gesamtheit der aus einer solchen Beziehung entstandenen oder künftig entstehenden Rechtsfolgen, im Gegensatz zu den einzelnen Rechten und Pflichten. So sind z. B. Eigentum und Besitz Rechtsverhältnisse, insofern außer den Rechten des Eigentümers oder Besitzers auch noch gewisse Pflichten (z. B. Steuerpflicht, Haftung für Tiere und Gebäude) in Betracht kommen; das Pfandrecht kann als Rechtsverhältnis bezeichnet werden, wenn man außer an die Befugnisse des Pfandberechtigten an seine Verpflichtungen gegenüber dem Eigentümer denkt. Noch deutlicher tritt das Wesen des Rechtsverhältnisses hervor bei der Ehe, im Gegensatz zu den einzelnen Rechten und Pflichten der Ehegatten, und bei der Verwandtschaft, aus der durch Hinzutritt weiterer Tatsachen Unterhalts- und Erbrechte erwachsen. Auch das Erbrecht ist ein Rechtsverhältnis des Erben zum Erblasser, aus dem sich zahlreiche Rechte und Pflichten ergeben. Besonders wichtig ist die Unterscheidung von Rechtsverhältnis und Recht auf dem Gebiet der Obligationen. Aus dem Schuldvertrag entsteht zunächst zwischen den Parteien ein Rechtsverhältnis (das Schuldverhältnis, die Obligatio), aus dem sich entweder ohne weiteres oder bei Hinzutritt anderer Tatsachen eine oder mehrere Forderungen und die ihnen entsprechenden Verpflichtungen sowie sonstige Rechte (z. B. Kündigungs- oder Rücktrittsrechte) ergeben. Für das Schuldverhältnis gelten in bezug auf Endigung, Übertragung und sonstige Rechtsfragen andere Rechtssätze, als für die Forderung. Dieser Unterschied wird dadurch verwischt, daß das BGB. den Ausdruck Schuldverhältnis zur Bezeichnung wie des Rechtsverhältnisses aus obligatorischem Vertrag, so auch der einzelnen Forderung verwendet.

§ 7. Das Rechtssubjekt.

I. Da der Kern des subjektiven Rechts in der Willensmacht liegt, ist als Subjekt eines Rechtes der zu betrachten, dessen Wille vom Gesetz als maßgebend anerkannt wird, und zwar auch dann, wenn das Recht dem Interesse eines anderen Menschen (des Destinatärs) zu dienen bestimmt ist. Hat z. B. aus einem Vertrag zugunsten Dritter A von B eine Leistung an C zu verlangen, so ist Subjekt dieses Rechtes (Gläubiger) nicht C, dem die Leistung des Schuldners zugute kommt, sondern A, in dessen Willen es liegt, den Schuldner zur Leistung anzuhalten.

II. Unter Person versteht man in der Rechtswissenschaft ein Wesen, dem das Gesetz Rechtsfähigkeit beilegt, d. h. die Fähigkeit, Subjekt von Rechten (und von Pflichten) zu sein. Das normale Rechtssubjekt ist der Mensch. Er wird daher vom BGB. als „natürliche Person“ bezeichnet. Aber es gibt Rechte, die nicht einem Individuum zustehen, sondern allgemeineren Zwecken dienen, die von einer organisierten Personenmehrheit verfolgt werden oder ein für alle Mal bestimmt sind. Solche Rechte werden als eine dem Recht des einzelnen Menschen wesensgleiche Willensmacht gedacht und einem Rechtssubjekt zugeschrieben, das man als „juristische Person“ bezeichnet, vgl. unten § 19.

Die Rechtsfähigkeit kommt nach heutigem Privatrecht grundsätzlich jedem Menschen zu, während es im Altertum rechtsunfähige Menschen (Sklaven) gab und die Rechtsfähigkeit von der Staatsangehörigkeit und vom Familienstande abhing. Im heutigen Recht gibt es nur ausnahmsweise Beschränkungen der Rechtsfähigkeit: das Landesgesetz kann nach Art. 88 den Erwerb von Grundstücken durch Ausländer und nach Art. 87 den Erwerb von Klostergeistlichen von Todes wegen und aus Schenkungen von staatlicher Genehmigung abhängig machen.

Neben der Rechtsfähigkeit steht die Handlungsfähigkeit, d. h. die Eigenschaft des Menschen, kraft deren seine Handlungen rechtliche Bedeutung haben. Die zum Abschluß von Rechtsgeschäften erforderliche Handlungsfähigkeit nennt man Geschäftsfähigkeit, vgl. unten § 52. Die bei unerlaubten Handlungen in Betracht kommende Handlungsfähigkeit ist die Zurechnungsfähigkeit, vgl. unten § 68.

III. Der Zusammenhang eines Rechts (oder einer Pflicht) mit seinem Subjekt (die Zuständigkeit des Rechtes) ist unmittelbar, wenn das Recht dem, in dessen Person es entstanden ist, solange zusteht, bis es infolge neuer Tatsachen untergeht oder auf ein anderes Subjekt übergeht. Dagegen liegt mittelbare Zuständigkeit vor, wenn das Recht (oder die Pflicht) mit einem Rechtsverhältnis derart verbunden ist, daß es dem jeweiligen Subjekt dieses Rechtsverhältnisses zusteht. So ergibt sich z. B. die Zuständigkeit der Grunddienstbarkeit aus dem Eigentum am herrschenden Grundstück, die Zuständigkeit der Inhaberforderung aus dem Eigentum am Papier, in dem diese Forderung verkörpert ist; ebenso ist das Eigentum am Schuldschein ein mittelbar zuständiges Recht, indem es dem jeweiligen Gläubiger der Forderung zukommt, § 952. Ein Beispiel für mittelbar zuständige Pflichten ist die persönliche Verpflichtung des Eigentümers aus einer Reallast, § 1108.

IV. Ein Recht kann mehrere Subjekte haben. Das ist der Fall, wenn das Recht zu einem Vermögen gehört, das nach dem Prinzip der gesamten Hand mehreren Personen gemeinsam ist. Solche Gesamtvermögen kennt unser Gesetz: bei der Gesellschaft, der Gütergemeinschaft unter Ehegatten und bei der Erbengemeinschaft. Die Einheitlichkeit des den mehreren Teilhabern der Gesamthand zustehenden Rechtes zeigt sich darin, daß über das Recht nur gemeinsam verfügt werden kann, sei es durch alle Mitglieder der Gesamthand, oder durch ein Mitglied (den Ehemann oder den geschäftsführenden Gesellschafter). Die Anteile der Gesamtshandsgenossen sind nicht Rechte an den einzelnen zum Gesamthandsvermögen gehörenden Gegenständen, sondern bezeichnen das Rechtsverhältnis (den Inbegriff von Rechten und Pflichten), in denen der einzelne Genosse in bezug auf das gemeinsame Vermögen zu seinen Mitgenossen steht.

Anders verhält es sich bei der sog. Gemeinschaft nach Bruchteilen, § 741ff., insbesondere beim Miteigentum, wenn es nicht auf Gesellschaft, Gütergemeinschaft oder Erbengemeinschaft beruht. Hier liegt nicht ein Recht mit mehreren Subjekten vor, sondern mehrere Rechte der einzelnen Miteigentümer an einer Sache. Die Selbständigkeit der einzelnen Rechte zeigt sich an der freien Verfügung eines jeden über seinen Anteil, § 747. Die Rechte der mehreren Miteigentümer füllen in ihrer Zusammenfassung den Herrschaftskreis aus, der im normalen Fall dem Recht des Alleineigentümers unterliegt. Die Gemeinsamkeit des beherrschten Objekts hat zur Folge, daß die Miteigentümer gegenseitigen Beschränkungen unterworfen sind und daß unter ihnen Verpflichtungen bestehen.

Auch bei der Gesamtforderung, §§ 428ff., handelt es sich um mehrere Rechte, die dadurch, daß der Schuldner nur zu einmaliger Leistung verpflichtet ist, in einen engen Zusammenhang gebracht sind.

Eine dem gemeinsamen Recht entsprechende Pflichtengemeinschaft gibt es nicht: sind mehrere Personen zu derselben Leistung verpflichtet, so besteht für jede dieser Personen eine eigene Pflicht. Von gemeinsamen Verpflichtungen kann man nur in dem Sinne sprechen, daß ein Gesamthandsvermögen für die Verpflichtungen der Teilhaber der Gesamthand haftet.

§ 8. Arten der subjektiven Rechte.

I. Überblickt man die verschiedenen und schwer in ein logisches System anzuordnenden Rechte, so stehen im Vordergrund die Rechte, welche dem Subjekt eine Herrschaft über ein der Außenwelt angehörendes Objekt gewähren. Man kann sie Herrschaftsrechte nennen. Sie zerfallen in folgende Gruppen:

1. Rechte, deren Objekt eine körperliche Sache ist, sind Sachenrechte oder dingliche Rechte, im BGB. technisch bezeichnet als „Rechte an einer Sache". Das umfassendste Sachenrecht ist das Eigentum; es enthält die volle und ausschließliche Beherrschung der Sache, soweit nicht dem Eigentümer durch gesetzliche Bestimmungen oder Rechte Dritter an der Sache Schranken gezogen sind. Die übrigen dinglichen Rechte gewähren eine beschränkte Herrschaft und heißen, weil ihr Objekt in der Regel eine nicht im Eigentum des Berechtigten stehende Sache ist, Rechte an fremder Sache (jura in re aliena). Einige von diesen Rechten können Nutzungsrechte genannt werden, weil sie in gewissem Umfange den tatsächlichen Genuß einer Sache gewähren: Erbbaurecht, Nießbrauch, Grunddienstbarkeiten, persönliche Dienstbarkeiten. Daneben stehen Wertrechte, die die Befugnis enthalten, durch Verkauf einer Sache eine Geldsumme aus ihrem Wert zu erlangen: Pfandrecht an beweglichen Sachen; das Immobiliarpfandrecht in seinen verschiedenen Formen als Hypothek, Grundschuld und Rentenschuld; sowie die Reallast. In die Reihe der Sachenrechte stellt das BGB. auch das dingliche Vorkaufsrecht, das eine gegen jedermann wirkende Befugnis zum Erwerb eines Grundstückes gewährt. Auch der Besitz ist zu den dinglichen Rechten zu zählen, obgleich er vom BGB. unter dem Ausdruck Recht an der Sache nicht mitverstanden wird. Besitz ist die tatsächliche Herrschaft über eine Sache ohne Rücksicht darauf, in welcher Weise sie begründet ist. Der Besitzer ist gegen Eigenmacht, auch des

Eigentümers, geschützt. Aber seine Rechtsstellung ist provisorisch: er muß dem Eigentümer weichen, wenn dieser sein Recht im Prozesse nachweist.

2. Die zweite große Gruppe von Rechten sind die Forderungen. Objekt der Forderung ist die Person des Schuldners, von dem der Gläubiger eine Leistung zu verlangen berechtigt ist. Das Recht, eine Leistung zu verlangen, nennt das Gesetz: Anspruch. Besteht die Leistung in der Übergabe einer Sache, so hat der Gläubiger nicht wie beim Sachenrecht eine unmittelbare rechtliche Beziehung zur Sache, sondern nur das Recht, die Sache aus den Händen des Schuldners zu erhalten. Die Durchsetzung der Forderung kann in der Regel durch Klage erfolgen. Aus dem Urteil erwächst dem Gläubiger das Recht, auf dem Wege der Zwangsvollstreckung auf das ihm haftende Vermögen des Schuldners zu greifen; man kann daher als Objekt der Forderung, hinter der Person des Schuldners, sein Vermögen bezeichnen, vgl. unten § 13 IV. Neben der Haftung des Vermögens kann kraft Pfandrechts eine Haftung einzelner Gegenstände bestehen, ohne Rücksicht darauf, ob sie dem Vermögen des Schuldners angehören. Aus der Forderung können sich, außer dem Anspruch und dem Zugriffsrecht des Gläubigers, noch andere Befugnisse ergeben; so z. B. das Recht der Aufrechnung oder eine Einrede gegen einen Anspruch des Schuldners.

3. Eine dritte Gruppe von Rechten, deren Objekt, wie das der Forderungen, eine Person ist, sind die Familienrechte: Rechte der Ehegatten gegeneinander, elterliche Gewalt, Recht des Vormunds. Sie unterscheiden sich von den Obligationen durch ihren Zweck: dauernde Lebensbeziehungen, beruhend auf sittlicher Pflicht. Ihre Struktur ist verschieden: elterliche Gewalt und Recht des Vormunds sind dem Sachenrecht ähnliche Herrschaftsverhältnisse: das Kind ist nicht zu Leistungen verpflichtet wie ein Schuldner, sondern steht in der Gewalt des Vaters oder Vormunds, die nicht durch Klage gegen das Kind, sondern durch Eigenmacht verwirklicht wird; Ansprüche sind nur gegen Dritte gegeben, die in das Herrschaftsverhältnis störend eingreifen. Dagegen ist das Verhältnis der Ehegatten im heutigen Rechte forderungsähnlich gestaltet: es gibt keine ehemännliche Gewalt, sondern gegenseitige Verpflichtungen der Ehegatten, die durch Anspruch und Klage durchgesetzt werden. Außer diesen spezifischen Familienrechten erwachsen aus den familienrechtlichen Beziehungen dingliche Rechte (z. B. das Nutzungsrecht) und Obligationen (z. B. die Unterhaltsforderung), die den sonstigen dinglichen und obligatorischen Rechten wesensgleich sind.

4. Den dinglichen Rechten analog sind die außerhalb des BGB. geregelten Rechte an Geistesprodukten: Erfindungen, literarischen, musikalischen und künstlerischen Werken. Man kann diese, von ihren körperlichen Substraten zu unterscheidenden, Geistesprodukte immaterielle Güter oder unkörperliche Sachen nennen. Im heutigen Recht ist dem Urheber solcher Werke unter gewissen Voraussetzungen und innerhalb gewisser Grenzen die ausschließliche Befugnis der Benutzung und Verfügung zugesprochen. Diese Befugnis kann man bildlich als geistiges Eigentum bezeichnen. Eine ähnliche Beschaffenheit hat das Recht auf ausschließlichen Gebrauch eines Namens, einer Firma oder eines Warenzeichens, sowie das dem Landesrecht angehörende Recht am Wappen und das Recht am eigenen Bild.

5. Vielfach wird unter den subjektiven Rechten aufgezählt ein Recht an der eigenen Person, insbesondere ein Recht auf Leben, körperliche Integrität und Freiheit, Ehre, freie Betätigung im geistigen und wirtschaftlichen Leben usw. Es sind dies die wichtigsten und daher durch Strafdrohungen und zivilrechtlich durch Schadensersatzpflicht ausgiebig geschützten Lebensgüter des Menschen. Aber es wäre unrichtig, diese Interessen, weil sie rechtlich geschützt sind, als subjektive Rechte aufzufassen (vgl. oben § 6 I). Es fehlen die Kennzeichen, an denen man das Vorliegen eines subjektiven Rechtes konstatieren kann: Bestimmungen über Entstehung und Endigung des Rechtes, Übertragung und Verzicht. Es handelt

sich um Lebensgüter, die nicht von der Rechtsordnung verliehen werden, wohl aber den Schutz des Gesetzes genießen. Daß ein im Sinne des BGB. nicht zu den subjektiven Rechten zu zählen sind, ergibt sich daraus, daß sie in § 823 I neben dem „Eigentum und sonstigen Rechten" genannt sind.

6. Das Gesetz spricht in §§ 1068, 1273 von Nießbrauch und Pfandrecht an Rechten. Daraus scheint sich zu ergeben, daß es „Rechte an Rechten" gibt, daß z. B. bei Nießbrauch oder Pfandrecht an einer Forderung die Forderung Objekt des Nießbrauches oder des Pfandrechts ist. Bei genauerer Analyse zeigt sich aber, daß das Recht des Nießbrauchers oder Pfandberechtigten wesentlich aus einer Forderung gegen den Schuldner besteht, die aus der zu Nießbrauch gegebenen resp. verpfändeten Forderung konstitutiv abgeleitet ist (vgl. unten § 34 III). Das Forderungspfandrecht enthält außerdem die Befugnis, in gewisser Beziehung über die Forderung des Verpfänders zu verfügen.

II. Neben den Herrschaftsrechten, die dem Individuum eine aktuelle Rechtsmacht gewähren, stehen die Anwartschaften. Eine Anwartschaft liegt vor, wenn der zur Entstehung eines Rechtes erforderliche Tatbestand nur zum Teil eingetreten ist, während eine oder mehrere Tatsachen noch ausstehen. (Ist die noch fehlende Tatsache eine Handlung des Erwerbers, so liegt ein Aneignungsrecht vor, vgl. unten III, a). Die Anwartschaft ist demnach ein im Werden begriffenes Recht. Je nach der Beschaffenheit der zum definitiven Rechtserwerb noch fehlenden Tatsache ist die Sicherheit der Anwartschaft größer oder geringer: es gibt Anwartschaften, die durch den Willen einer anderen Person vereitelt werden können, und unentziehbare Anwartschaften, bei denen als Vorwirkung des noch nicht entstandenen Vollrechts eine Bindung des Gegners oder eine Sache besteht. Die Anwartschaften unterliegen in verschiedenem Maße den für Rechte geltenden Vorschriften (Übertragung, Vererbung usw.) und können insofern selbst als Rechte bezeichnet werden. Beispiele der Anwartschaft sind:

1. Rechte aus bedingten und befristeten Rechtsgeschäften: die suspensiv bedingte Forderung; das suspensiv bedingte oder befristete Eigentum;

2. künftige Forderungen aus schon bestehenden Schuldverhältnissen, z. B. die noch nicht erwachsenen Mietszinsen, Darlehnszinsen, Leibrentenraten;

3. das Recht des Ersitzungsbesitzers und des Finders vor Ablauf des Jahres, § 973;

4. der Grundstückserwerber hat nach der Auflassung eine Anwartschaft auf das Eigentum; denn es fehlt nur noch die Eintragung, die auf Antrag des Veräußerers erfolgen kann;

5. der eingetragene Hypothekengläubiger hat vor Entstehung der Forderung oder Übergabe des Hypothekenbriefes eine Anwartschaft auf die Hypothek; der Eigentümer hat eine Anwartschaft auf die Hypothek für den Fall, daß die Forderung erlischt oder der Gläubiger auf die Hypothek verzichtet;

6. die Rechtsstellung des Nacherben ist eine Anwartschaft. Ebenso kann man von einer Anwartschaft des Ersatzerben für den Fall der Ausschlagung des Erstberufenen sprechen. Bei Lebzeiten des Erblassers hat der Erbe eine allerdings sehr prekräre Anwartschaft, die Gegenstand des Erbverzichts ist. Stärker ausgeprägt ist die Anwartschaft aus einem Erbvertrag;

7. noch nicht erzeugte oder geborene Menschen und solche, deren Person erst durch künftiges Ereignis bestimmt werden soll, können keine Rechte haben. Aber es kann zu ihren Gunsten eine Anwartschaft bestehen mit der Wirkung, daß mit der Geburt bzw. der Bestimmung des Menschen zugleich ein Recht für ihn entsteht, vgl. unten § 14 I.

III. Die vom Gesetz verliehene Willensmacht kann darin bestehen, daß jemand die Befugnis hat, für sich oder einen anderen ein Herrschaftsrecht zu begründen oder ein solches Recht aufzuheben oder abzuändern. Man kann solche Befugnisse als **Rechte des Könnens** bezeichnen oder als sekundäre Rechte, insofern ihre Wirkung in der Entstehung, Änderung oder Aufhebung eines anderen Rechtes besteht. Sie zerfallen in zwei Gruppen:

1. die **Gestaltungsrechte**: Befugnisse, durch einseitigen Willen den Rechtszustand zu gestalten. Die Ausübung erfolgt durch Willenserklärung oder eine sonstige Handlung; durch Erhebung einer Klage oder Antrag bei einer Behörde. Nach ihrer Wirkung kann man die Gestaltungsrechte einteilen in:

a) **begründende** Rechte, z. B. das Recht, durch Annahme einer Offerte oder Abgabe einer Vorkaufserklärung ein Vertragsverhältnis ins Leben zu rufen; das Recht, durch Ausfüllung einer in blanco ausgestellten Urkunde eine Verpflichtung des Ausstellers zu begründen. Insbesondere gehören zu dieser Gruppe die **Aneignungsrechte**: die Befugnis, durch einseitige Handlung Eigentum an einer herrenlosen oder fremden Sache zu erwerben, so z. B. das Jagd-, Fischerei- und Bergrecht; die Befugnis dessen, der eine Eintragsbewilligung erhalten hat, durch eine von ihm veranlaßte Eintragung ein Recht am Grundstück zu erwerben; das Recht dessen, dem der Eigentümer gestattet, sich die Sache oder deren Früchte anzueignen;

b) **ändernde** Rechte: z. B. das Wahlrecht, § 263; das Recht, durch Kündigung die Fälligkeit einer Forderung herbeizuführen;

c) **aufhebende** Rechte; z. B. Anfechtung, Rücktritt, Kündigung zur Aufhebung eines Vertragsverhältnisses, Widerruf der Schenkung.

2. Eine zweite Gruppe sekundärer Rechte kann man unter dem Namen **Verwaltungsrechte** oder **Machtbefugnisse** zusammenfassen. Es handelt sich um die Befugnis, auf das Vermögen eines anderen durch Rechtsgeschäfte mit Dritten einzuwirken. Dazu gehört die Vertretungsmacht, vgl. unten §§ 41 II, 63; die Befugnis, obligatorische Verträge auf Rechnung eines anderen abzuschließen, vgl. unten § 62 II.

§ 9. Verschiedenheiten der Rechte.

I. Unter den Herrschaftsrechten kann man **relative** und **absolute** Rechte unterscheiden. Relativ sind die Forderungen und die persönlichen Rechte der Ehegatten gegeneinander. Die Wirkungen solcher Rechte beschränken sich auf das Verhältnis der beiden beteiligten Personen. Das relative Recht kann nur vom Verpflichteten verletzt und nur gegen ihn geltend gemacht werden. Der Gläubiger kann nur gegen den Schuldner (oder dessen Erben) klagen, nicht gegen einen Dritten, der den Schuldner an der Erfüllung seiner Verpflichtung hindert oder die geschuldete Sache zerstört oder vom Schuldner erwirbt oder beim Schuldner pfändet.

Die übrigen Herrschaftsrechte (Sachenrechte, elterliche und vormundschaftliche Gewalt, Rechte an immateriellen Gütern) sind absolut. Sie gewähren dem Berechtigten eine Herrschaft über das unterworfne Objekt (sog. innere Seite des Rechts) und enthalten ein an jeden Dritten gerichtetes Störungsverbot (äußere Seite des Rechts). Sie können von Dritten verletzt, aber auch gegen jeden Dritten geltend gemacht werden.

Der Unterschied zwischen relativen und absoluten Rechten ist in unserem Gesetz nicht so scharf durchgeführt, wie bei den Römern. Es gibt relative Rechte, die sich in einigen Beziehungen dem Typus des absoluten Rechtes nähern; so das Recht des Mieters, wenn er im Besitz der Sache ist. Ferner hat das Gesetz durch die Vormerkung, § 883, eine Zwischenstufe zwischen relativem und absolutem Recht geschaffen: die vorgemerkte Forderung kann gegen jeden Erwerber des Grundstücks durchgesetzt werden.

II. Die meisten Rechte können **übertragen** werden. Unübertragbar sind die Familienrechte und die mit ihnen verbundenen Nutzungs- und Verwaltungsrechte;

der Nießbrauch und die sonstigen persönlichen Dienstbarkeiten; sowie gewisse Forderungen. Die unübertragbaren Rechte sind meist, aber nicht immer, unvererblich. Ebenso besteht ein Zusammenhang zwischen Übertragbarkeit und Pfändbarkeit: ein Recht, über das das Subjekt nicht verfügen kann, kann in der Regel von dessen Gläubigern nicht zu ihrer Befriedigung verwendet werden.

III. Einige Rechte sind akzessorisch: sie stehen in einem Abhängigkeitsverhältnis zu einem anderen Recht, dem Hauptrecht, indem sie den Zwecken desselben dienen (Bürgschaftsforderung, Pfandrecht, Eigentum am Schuldschein) oder sich als Erweiterungen des Hauptrechtes darstellen (z. B. die Zinsforderung, die Vertragsstrafe). Die Entstehung eines akzessorischen Rechtes setzt das Bestehen des Hauptrechtes voraus. Im übrigen ist die Abhängigkeit vom Hauptrecht bei den einzelnen akzessorischen Rechten verschieden gestaltet: einige akzessorische Rechte erlöschen mit dem Wegfall des Hauptrechtes und können nicht ohne das Hauptrecht übertragen werden.

IV. Ein Recht ist teilbar, wenn es in mehrere gleichartige Rechte zerfallen kann. Teilbar sind Forderungen, wenn die Leistung in Teilen erfolgen kann.

Die Teilung des Eigentums kann in zwei Weisen erfolgen; durch Zerlegung in Miteigentum nach Bruchteilen (vgl. oben § 7 IV), wobei die Sache ungeteilt bleibt (partes pro indiviso); oder durch Zerlegung der Sache, wobei an jedem Stück der Sache Alleineigentum entsteht (partes pro diviso). Letzteres Verfahren ist ausgeschlossen, wenn die Sache aus tatsächlichen oder rechtlichen Gründen nicht geteilt werden kann, vgl. unten § 28 III.

§ 10. Der Anspruch.

I. Anspruch im Sinn des BGB. ist das Recht, von einem anderen ein Tun oder ein Unterlassen zu verlangen, § 194. Er kann außergerichtlich erhoben werden (durch Mahnung); die meisten Ansprüche können auch gerichtlich geltend gemacht werden: durch Erhebung einer Klage. Der Begriff des Anspruchs unterscheidet sich von seinem Vorbild, der römischen actio, dadurch, daß der Anspruch jedes, auch das außergerichtliche Verlangen einer Leistung umfaßt, während actio nur die gerichtliche Geltendmachung eines Rechtes bedeutete. In der Zivilprozeßordnung wird das Wort Anspruch in einem vom BGB. abweichenden Sinn gebraucht und bedeutet jedes vom Kläger in der Klage erhobene Begehren. Daraus ergibt sich folgendes Verhältnis der Klage zum Anspruch im Sinn des BGB. Es gibt:

1. Klagen, in den ein zivilrechtlicher Anspruch geltend gemacht wird: sog. Leistungsklagen,

2. Klagen, denen ein zivilrechtlicher Anspruch nicht zugrunde liegt. Dazu gehören:

a) die Feststellungsklage, in der der Kläger nicht eine Leistung vom Beklagten begehrt, sondern eine Entscheidung des Gerichtes über das Bestehen oder Nichtbestehen eines Rechtsverhältnisses,

b) die Gestaltungs- oder Rechtsänderungsklage, in der der Kläger wiederum keine Leistung des Beklagten begehrt, sondern ein Urteil, durch das der bestehende Rechtszustand geändert (z. B. eine Ehe durch Scheidung aufgelöst) werden soll.

II. Jeder Anspruch beruht auf einem Recht. Die Ansprüche sind je nach der Beschaffenheit des zugrundeliegenden Rechtes verschieden geartet:

1. das relative Recht, insbesondere die Forderung, enthält einen Anspruch gegen den Verpflichteten (sog. persönlichen Anspruch, actio in personam). Dieser Anspruch ist Kern und wesentlicher Bestandteil der Forderung. Daher die Übereinstimmung der Definitionen der Forderung und des Anspruchs in §§ 241, 194. Aber der Anspruch ist nicht, wie vielfach gelehrt wird, identisch mit der Forderung.

Denn zur Forderung gehören, außer dem Anspruch, noch andere Befugnisse, vgl. oben § 8I,2. Und der Anspruch entsteht erst dann, wenn die Forderung fällig ist; denn unter Anspruch ist ein Recht auf sofortige Leistung zu verstehen.

2. bei absoluten Rechten, insbesondere dem Eigentum ist, solange der tatsächliche Zustand dem Inhalt des Rechtes entspricht, kein Anspruch gegeben: der Eigentümer braucht, um seine Sache zu beherrschen, von niemandem etwas zu verlangen. Allerdings besteht zu seinen Gunsten ein allgemeines Störungsverbot, vgl. oben S. 13. Aber daraus erwächst für den Eigentümer kein gegen eine bestimmte Person gerichtetes Verlangendürfen. Nur wenn ein dem Inhalt des absoluten Rechts widersprechender Zustand vorliegt, entsteht gegen jeden Störer ein Anspruch auf Wiederherstellung des rechtmäßigen Zustandes. Dieser Anspruch heißt, wenn er auf dinglichem Recht beruht, dinglicher Anspruch (actio in rem).

Es gibt Rechte, aus denen kein Anspruch erwächst, weil ihre Ausübung ohne Mitwirkung Dritter erfolgt und von Dritten nicht gehindert werden kann. So kann z. B. ein Kündigungsrecht, eine Vertretungs- oder Verfügungsmacht ausgeübt werden, ohne daß der Berechtigte von einem anderen ein Tun oder ein Unterlassen zu verlangen braucht; Ansprüche entstehen erst aus dem durch Ausübung solcher Rechte herbeigeführten Rechtszustand: z. B. aus der Aufhebung des gekündigten Schuldverhältnisses, aus dem auf Grund der Vertretungsmacht vorgenommenen Rechtsgeschäft.

III. Der Anspruch ist mit dem ihm zugrundeliegenden Recht unablöslich verbunden. Abtretung des obligatorischen Anspruchs ist identisch mit Abtretung der Forderung; Verzicht auf den Anspruch ist als Erlass der Forderung zu beurteilen. Der Inhaber eines absoluten Rechts kann weder durch Abtretung des Anspruchs noch durch Verzicht auf den Anspruch seinem Recht den Schutz gegen Dritte entziehen. Dagegen kann er Vollmacht zur Ausübung des Anspruchs erteilen. Die in § 931 erwähnte Abtretung des Herausgabeanspruchs bewirkt zugleich Übergang des Eigentums.

IV. Der Anspruch erlischt durch Erfüllung seitens des Verpflichteten. Mit der Erfüllung des persönlichen Anspruchs erlischt zugleich die Forderung; sie erschöpft sich in der erfolgreichen Geltendmachung des Anspruchs. Dagegen bleiben absolute Rechte von der Erfüllung des aus ihnen hervorgehenden Anspruchs unberührt: das Eigentum bleibt, wenn die Störung beseitigt ist, bestehen und kann bei neuer Störung einen neuen Anspruch hervorbringen.

V. Die Ansprüche unterliegen der Verjährung, vgl. unten § 69.

§ 11. Die Einrede.

I. Wie der Anspruch aus der römischen actio entstanden ist, so stammt die Einrede des BGB. aus der römischen exceptio, hat aber infolge der Verschiedenheit des römischen und heutigen Prozesses eine wesentlich andere Bedeutung als die exceptio. Der Begriff der Einrede im Sinn des BGB. läßt sich am besten verstehen, wenn man die Mittel überblickt, deren sich der Beklagte zu seiner Verteidigung bedienen kann:

1. er kann die vom Kläger zur Begründung seines Anspruchs vorgebrachten Tatsachen, das sog. Klagefundament, bestreiten;

2. oder neue Tatsachen vorbringen, aus denen sich ergeben soll, daß das Recht des Klägers trotz der von ihm behaupteten Tatsachen nicht besteht. Das Vorbringen solcher Tatsachen nennt die Zivilprozeßordnung: Einrede, während sich das BGB. des Ausdruckes Einwendung bedient. Alle vom Beklagten vorgebrachten Tatsachen sind von ihm zu beweisen. Sie zerfallen in zwei Klassen:

a) die rechtshindernden Tatsachen: aus denen sich ergibt, daß das Recht des Klägers nicht entstanden ist. Nach rein logischer Betrachtung könnte es solche

Tatsachen nicht geben; denn der Kläger muß alle Voraussetzungen der Entstehung seines Rechtes darlegen, daher auch die Abwesenheit von Hindernissen behaupten. Aber aus praktischen Gründen ist die Behauptungs- und Beweislast so verteilt, daß einige Voraussetzungen des klägerischen Rechts nicht zum Klagfundament gerechnet werden, sondern daß ihr Gegenteil als rechtshindernde Tatsache vom Beklagten vorzubringen ist. So ist z. B. die Geschäftsfähigkeit, weil sie der normale Zustand des im Rechtsverkehr auftretenden Menschen ist, nicht vom Kläger zu behaupten, sondern der Mangel oder die Beschränkung der Geschäftsfähigkeit vom Beklagten vorzubringen. Diese Verteilung der Beweislast gehört ihrer Wirkung nach dem Zivilprozeß an, ist aber im materiellen Recht geregelt und ergibt sich meist aus der Art, wie das Gesetz die Voraussetzungen einer Rechtswirkung formuliert;

b) rechtsaufhebende Tatsachen: aus denen hervorgeht, daß das Recht des Klägers erloschen ist. Solche Tatsachen sind z. B. Erfüllung der Forderung, Erlaß, Unmöglichkeit der Leistung.

3. Während die Einwendung darin besteht, daß Tatsachen, aus denen sich die Nichtexistenz des klägerischen Rechtes ergeben soll, zur Kenntnis des Richters gebracht werden, ist die Einrede im Sinn des BGB. ein dem Anspruch des Klägers gegenüberstehendes Recht: die Befugnis, aus bestimmten Gründen eine geschuldete Leistung zu verweigern. Das Vorbringen der Einrede ist eine in Ausübung dieses Rechtes vorgenommene Willenserklärung. Daraus ergeben sich charakteristische Unterschiede zwischen Einwendung und Einrede:

a) Einwendungstatsachen sind auch dann zu berücksichtigen, wenn sie vom Kläger vorgebracht sind, z. B. wenn sich aus dem Vortrag des Klägers ergibt, daß der Gegner geschäftsunfähig war oder daß Erfüllung erfolgt ist. Einreden können nur vom Beklagten erhoben werden: denn der Richter kann eine Willenserklärung des Beklagten nicht supplieren. Daher können bei Versäumnis des Beklagten Einredetatsachen keine Berücksichtigung finden;

b) auf Einreden kann der Beklagte, wie auf sonstige Rechte, verzichten. Dagegen können Tatsachen, z. B. die Erfüllung einer Schuld, nicht durch Verzicht beseitigt werden.

II. Man unterscheidet verschiedene Arten der Einrede:

1. Eine Einrede ist unselbständig, wenn sie auf einem Recht des Beklagten beruht, das auch anderweitig, durch Klage, geltend gemacht werden kann, so daß die Einrede sich als Kehrseite dieses positiven Rechtes darstellt. So entsteht z. B. aus einem Recht auf den Besitz einer Sache für den Besitzer eine Einrede gegen den Anspruch des Eigentümers, § 986; so beruht auf der Forderung aus gegenseitigem Vertrag die Einrede des nichterfüllten Vertrages gegen die Forderung des Mitkontrahenten, §§ 320. Weitere Beispiele in §§ 821, 853. Im Gegensatz dazu kann man von selbständigen Einreden sprechen, wenn das Recht des Beklagten sich in der Verweigerung der von ihm verlangten Leistung erschöpft, ohne in anderer Weise geltend gemacht werden zu können; so z. B. die Verjährungseinrede oder die Einrede der Vorausklage, § 771, die Einreden aus § 770.

Da die unselbständigen Einreden auf einem positiven Recht beruhen, stehen sie nur dem Subjekt dieses Rechtes zu. So kann sich gegenüber der Vindikation der Beklagte nur auf ein eigenes Recht zum Besitz der Sache berufen, nicht darauf, daß ein solches Recht einem Dritten zustehe. Ebenso dient das Zurückbehaltungsrecht nur zum Schutz eigener Forderungen. Einreden aus fremdem Recht (exc. de jure tertii) sind grundsätzlich ausgeschlossen. Vgl. aber §§ 417 I, 768, 968 I. Ebenso sind unselbständige Einreden grundsätzlich nur gegen solche Personen verwendbar, gegen die sich das der Einrede zugrunde liegende Recht richtet. Ist dies Recht ein dingliches (Nießbrauch oder Pfandrecht), so kann die Einrede wie das Recht selbst gegen jeden vorgebracht werden, der die Sache vom Besitzer herausverlangt. Beruht die Einrede auf einer Forderung, so kann sie nur dem aus dieser Forderung

Verpflichteten entgegengehalten werden. Ist z. B. eine Sache des X von A an B vermietet worden, so kann B sich gegen die Vindikation des X nicht durch Berufung auf seinen Mietsvertrag mit A schützen. Wichtige Ausnahmen von diesem Grundsatz in §§ 404 und 986 II. Unselbständige Einreden erlöschen mit Wegfall des positiven Rechts, aus dem sie hervorgehen, so z. B. die Einreden der Zurückbehaltung und des nichterfüllten Vertrages mit Erfüllung oder Erlass der Forderung, zu deren Schutz sie dienen. Dagegen bleibt die Einrede bestehen, wenn der aus derselben Forderung hervorgehende Anspruch verjährt, vgl. §§ 821, 853 und 478.

2. Nach der Dauer der Wirkung unterscheidet man:

a) dauernde (peremptorische) Einreden: das Recht, eine Leistung für immer zu verweigern; z. B. die Einrede der Verjährung, der beschränkten Haftung des Erben, §§ 1990—1992, der Wandelung oder Minderung. Die erfolgreiche Geltendmachung solcher Einreden im Prozeß bewirkt definitive Abweisung des Klägers. Es wird rechtskräftig entschieden, daß der Anspruch nicht durchgesetzt werden kann;

b) aufschiebende (dilatorische) Einreden: das Recht, eine Leistung vorübergehend zu verweigern, z. B. die Einrede des nicht erfüllten Vertrages, die Einrede der Vorausklage, des Notbedarfs. Bei solchen Einreden erfolgt in der Regel Abweisung der Klage „auf Zeit“: der Anspruch kann nach Wegfall des Hindernisses wieder vorgebracht werden. Einige aufschiebende Einreden haben die eigenartige Wirkung, daß der Anspruch des Klägers nicht abgewiesen wird, sondern eine Änderung seines Inhalts erleidet: der Beklagte wird trotz der Einrede verurteilt, aber zur Leistung „Zug um Zug“, §§ 274, 322; oder zu einer Leistung mit Vorbehalt der beschränkten Haftung, ZPO. § 780.

3. Nach dem Umfang der Wirkung kann man unterscheiden: Volleinreden, die zur Verweigerung der Leistung in ihrem ganzen Umfang berechtigen, z. B. die Verjährungseinrede; und Teileinreden: Verweigerung der Leistung, soweit sie einen bestimmten Betrag übersteigt, z. B. die Einrede des Erben nach §§ 1990—1992, die Einrede des Notbedarfs, § 519.

IV. In ihrer Wirkung ist die Einrede den aufhebenden Gestaltungsrechten, vgl. oben § 8 III, 1, verwandt, aber von ihnen zu unterscheiden: während die Ausübung eines Aufhebungsrechtes (z. B. der Anfechtung oder Aufrechnung) das Recht des Gegners zerstört, wird durch Erhebung der Einrede nur der Anspruch des Gegners gehemmt; das dem Anspruch zugrunde liegende Recht bleibt unberührt. Durch Zurücknahme der Einrede tritt der Anspruch wieder in Kraft, während ein durch Anfechtung oder Aufrechnung aufgehobenes Recht nicht wieder wirksam gemacht, sondern nur neu begründet werden kann.

§ 12. Konkurrenz von Rechten.

I. Die meisten absoluten Rechte tragen ihren Zweck in sich selbst, indem sie dem Subjekt den nach außen geschützten Genuß eines Rechtsgutes gewähren. Dagegen sind die Ansprüche aus absolutem wie aus relativem Recht, die Rechte des Könnens und von den absoluten Rechten das Pfandrecht dazu bestimmt, einen in der Zukunft liegenden, für den Berechtigten günstigen Erfolg (Leistung, Rechtsänderung, Befriedigung aus dem Wert einer Sache) herzustellen. Unter solchen Rechten kann Konkurrenz bestehen: indem mehrere Rechte denselben Zweck haben und durch ihre Ausübung zum selben Erfolg führen.

II. Mehrere Ansprüche konkurrieren, wenn auf Grund jedes derselben dieselbe, nur einmal zu erbringende Leistung verlangt werden kann. Das kommt vor:

1. unter verschiedenen Personen (Gesamtgläubiger oder Gesamtschuldner);

2. unter denselben Personen, wenn dem Berechtigten gegen den Verpflichteten mehrere Ansprüche desselben Inhalts zustehen. Es können konkurrieren: ein dinglicher und cin obligatorischer Anspruch auf Herausgabe einer Sache, z. B. der Eigen-

tumsanspruch mit einem Anspruch aus Vertrag (Miete oder Leihe) oder aus einem Delikt. Ebenso können mehrere obligatorische Ansprüche konkurrieren; z. B. kann eine Sache geschuldet sein aus Kauf und zugleich aus einem Testament des Verkäufers, der sie dem Käufer vermacht hat; oder ein Käufer kann aus mehreren Gründen einen Anspruch auf Wandelung haben; oder es kann für eine bereits bestehende Schuld eine Wechselforderung begründet werden, die nach § 364 II im Zweifel neben die alte Forderung tritt. Konkurrenz wird ferner von der herrschenden Lehre angenommen zwischen Schadensersatzansprüchen aus Vertrag und aus Delikt, wenn die Vertragsverletzung zugleich den Erfordernissen des § 823 entspricht.

Durch Erfüllung eines der konkurrierenden Ansprüche ist auch der andere erledigt. Im übrigen sind die Ansprüche voneinander unabhängig: sie können einzeln erlöschen oder verjähren; gleichzeitig oder nacheinander geltend gemacht werden.

III. Konkurrenz kommt vor bei den Rechten des Könnens. Es gibt konkurrierende Vertretungs- und Verfügungsrechte. Insbesondere können mehrere Aufhebungsrechte, z. B. Kündigungs- oder Anfechtungsrechte, nebeneinander bestehen. Da durch Ausübung eines dieser Rechte der Zweck auch des anderen erreicht wird, ist das andere Recht erledigt. Ebenso besteht Konkurrenz zwischen mehreren gegen einen Anspruch gerichteten Einreden; denn jede der Einreden genügt, um den Anspruch zu hemmen. Endlich konkurrieren Pfandrechte, wenn sie zur Sicherung derselben Forderung dienen.

IV. Von der Konkurrenz der Rechte ist zu unterscheiden die sog. Gesetzeskonkurrenz. Sie liegt vor, wenn ein Tatbestand unter mehrere Rechtssätze fällt, von denen einer sich als der speziellere darstellt. Dann besteht nur ein Recht, das sich nach dem spezielleren Rechtssatz richtet. So entsteht z. B., wenn ein Beamter seine Amtspflicht verletzt und durch dieselbe Handlung gegen die allgemeine Vorschrift des § 823 verstößt, nur ein nach § 839 zu beurteilender Anspruch, nicht daneben eine Forderung aus § 823. Ebenso gibt es, wenn ein Irrtum durch arglistige Täuschung hervorgerufen ist, nur ein Anfechtungsrecht wegen Täuschung, nicht daneben noch ein Anfechtungsrecht aus dem Irrtum.

§ 13. Das Vermögen.

I. Die Gesamtheit der einem Rechtssubjekt zustehenden Rechte ist sein Rechtskreis. Innerhalb desselben ist das Vermögen ein engerer Kreis von Rechten, zu dem die meisten Privatrechte, die Vermögensrechte, gehören. Außerhalb des Vermögens liegen die persönlichen Rechte der Ehegatten, der Eltern und des Vormunds. Vermögen ist wirtschaftliche Macht und bietet die materiellen Mittel zur Erreichung der Lebenszwecke des Individuums. Kennzeichen des Vermögenswerts ist der Geldwert, der in der Regel Tauschwert ist, aber auch Gebrauchswert sein kann; daher können auch unveräußerliche Sachen zum Vermögen gehören, sofern ihre Erträge Tauschwert haben oder durch ihren Gebrauch Ausgaben erspart werden.

II. Das Vermögen besteht aus Rechten. Nicht aus Sachen (es ist ungenau, wenn in der Aufzählung der Vermögensstücke statt des Eigentums die Sache genannt wird); nicht aus persönlichen Eigenschaften und Umständen, die den Erwerb von Vermögen fördern. So sind z. B. Arbeitskraft oder Kundschaft nicht Stücke des Vermögens, sondern Quellen des Vermögenserwerbs. Ein Eingriff in diese Güter kann daher, obgleich sie selbst nicht zum Vermögen zählen, einen Vermögensschaden darstellen.

III. Das Vermögen ist eine Einheit. 1. Alles, was dem Rechtssubjekt gehört, bildet ein Vermögen, auch wenn er es in Teile zerlegt und diese Teile für verschiedene Zwecke bestimmt und gesondert verwaltet.

2. Das Vermögen besteht solange wie das Subjekt. Es kann zunehmen und abnehmen. Neuerwerb ist nicht neues Vermögen, sondern Vergrößerung des früheren Vermögens.

3. Objekt einer Verfügung kann nicht das Vermögen sein, sondern nur die einzelnen Stücke desselben. Veräußerung des ganzen Vermögens ist Weggabe aller zurzeit im Vermögen befindlichen Rechte; das Vermögen als solches bleibt beim Veräußerer.

IV. Das Vermögen haftet den Gläubigern des Vermögenssubjektes, vgl. oben § 8 I, 2.

1. Grundsätzlich haften alle Vermögensrechte, mit Ausnahme der Rechte, über die das Vermögenssubjekt selbst nicht verfügen kann, vgl. oben § 9 II, und solcher Rechte, die aus sozialpolitischen Gründen dem Zugriff der Gläubiger entzogen sind.

2. Dem Gläubiger haftet das jeweilige Vermögen des Schuldners: alle Rechte, die im Moment des Zugriffs dem Vermögen angehören. Rechte, die vor diesem Moment aus dem Vermögen ausgeschieden sind, haften nicht, es sei denn, daß ein Pfandrecht besteht oder daß ein ausgeschiedenes Recht auf dem Wege der Anfechtung wieder in die Haftung hereingezogen wird.

3. Das Vermögen haftet allen Gläubigern, nach dem Prinzip der Prävention. An Stelle desselben tritt im Konkurse der Grundsatz der gleichmäßigen Befriedigung der Gläubiger, vgl. unten § 70 I.

4. Die zum Vermögen gehörenden Rechte nennt man die Aktiva, die Schulden, für die es haftet, Passiva. Der Geldwert eines Vermögens kann berechnet werden: als Bruttowert (ohne Berücksichtigung der Passiva) oder als Nettowert (unter Abzug derselben).

V. Durch gesetzliche Bestimmung (nicht durch einseitigen Willen oder Verabredung des Vermögenssubjekts) kann ein Teil des Vermögens eine gesonderte rechtliche Stellung haben: Sondergut.

1. Die besondere Rechtsstellung kann darin bestehen, daß das Sondergut einem Verwaltungsrecht unterworfen ist (z. B. die Konkursmasse) oder umgekehrt von einem Verwaltungsrecht, das am Hauptvermögen besteht, frei ist (z. B. das Vorbehaltsgut der Ehefrau).

2. In den meisten Fällen besteht getrennte Haftung: es kann Schulden geben, für die das Hauptvermögen, aber nicht das Sondergut haftet (z. B. gewisse Schulden des Gemeinschuldners), und umgekehrt: Schulden für die nur das Sondergut haftet (z. B. gewisse Schulden der Ehefrau).

3. Der Erwerb des Vermögenssubjektes fällt nach bestimmten Grundsätzen entweder in das Hauptvermögen oder in das Sondergut. In den meisten Fällen gilt sog. Surrogation: was aus Mitteln des Sonderguts erworben ist, wird Sondergut.

Drittes Kapitel.

Die natürlichen Personen.

§ 14. Beginn und Ende der Persönlichkeit.

I. Die Rechtsfähigkeit des Menschen beginnt mit der Vollendung der Geburt, § 1. Für einen noch nicht geborenen Menschen können Anwartschaften bestehen, vgl. oben § 8 II, 7, aus Nacherbeneinsetzung, Vermächtnis oder Vertrag zugunsten Dritter. In einigen Fällen wird der Beginn der Persönlichkeit auf den Moment der Erzeugung zurückdatiert, nasciturus pro nato habetur, §§ 1923, 844.

II. Die Rechtsfähigkeit endigt mit dem Tode. Die meisten Rechte und Pflichten des Verstorbenen gehen auf den Erben über. Einige Rechte und Pflichten erlöschen.

III. Geburt und Tod werden nach dem Personenstandgesetz vom Jahr 1875 im Register des Standesbeamten beurkundet und durch den Eintrag im Register bewiesen.

IV. Bei Versterben mehrerer Menschen in gemeinsamer Gefahr wird gleichzeitiger Tod vermutet, § 20.

§ 15. Todeserklärung.

I. Verschollene, d. h. Menschen, über die lange Zeit keine Nachrichten vorliegen, können durch Urteil für tot erklärt werden. Die Todeserklärung ist im allgemeinen zulässig, wenn seit Schluß des Jahres, in dem der Verschollene den vorhandenen Nachrichten zufolge noch gelebt hat, 10 Jahre verstrichen sind; jedoch nicht vor Ablauf des Jahres, in dem er das 31. Lebensjahr vollendet haben würde. Für Menschen über 70 Jahre genügt eine fünfjährige Verschollenheit. Kürzere Verschollenheitsfristen gelten für Krieg, Seegefahr und sonstige Lebensgefahr. Das Verfahren ist in der ZPO. geregelt: es erfolgt auf Antrag bestimmter Personen, besteht in einem Aufgebot (öffentliche Aufforderung an den Verschollenen sich zu melden, und an andere Personen, Nachrichten zu geben) und endigt mit einem Urteil. Das Urteil kann wegen gewisser Fehler des Verfahrens und wegen materieller Unrichtigkeit angefochten werden.

Für die Kriegsverschollenen des Weltkrieges gibt eine Verordnung vom 18. 4. 1916 erleichternde Vorschriften. Die Todeserklärung ist zulässig ein Jahr nach den letzten Nachrichten über das Leben des Vermißten.

II. Die Wirkung der Todeserklärung besteht in der Vermutung, daß der Verschollene in dem Zeitpunkt gestorben sei, der im Urteil als Todesmonat festgestellt ist. Nach diesem Zeitpunkt wird insbesondere die Erbfolge geregelt. In der auf einen bestimmten Zeitpunkt gestellten Todesvermutung ist die Vermutung enthalten, daß der Verschollene bis zu diesem Zeitpunkt gelebt hat; daraus folgt z. B., daß Erbschaften, die ihm bis zu diesem Moment zufallen, als von ihm erworben gelten. Eine Lebensvermutung besteht aber nach § 19 auch ohne Todeserklärung bis zu dem Zeitpunkt, der bei einer Todeserklärung des Verschollenen als Moment seines Todes angenommen werden müßte. Die Todesvermutung kann widerlegt werden: durch den Verschollenen oder jeden anderen Interessenten.

Stärkere Wirkungen hat die Todesvermutung im Familienrecht. Durch Todeserklärung des einen Ehegatten erhält der andere das Recht, eine neue Ehe einzugehen, durch deren Abschluß bei Gutgläubigkeit auch nur eines Teils die Ehe des Verschollenen gelöst wird. Diese zweite Ehe kann aber von jedem der Ehegatten angefochten werden, wenn sich herausstellt, daß der Verschollene noch lebt. Die elterliche Gewalt des Verschollenen erlischt mit der Todeserklärung, kann aber durch Erklärung an das Vormundschaftsgericht wiedererlangt werden.

§ 16. Rechtlich bedeutsame Eigenschaften.

I. Das Gesetz unterscheidet drei Altersstufen von allgemeiner Bedeutung.

1. Die Kindheit (infantia) bis zum vollendeten 7. Lebensjahr. Kinder sind handlungsunfähig.

2. Die Minderjährigkeit dauert bis zum 21. Jahr (im gemeinen Recht bis zum 25. Jahr). Die Minderjährigen sind beschränkt geschäftsfähig; ihre Zurechnungsfähigkeit hängt bis zum 18. Lebensjahr von der individuellen Reife ab.

3. Die Volljährigkeit wird erlangt durch Erreichung des 21. Lebensjahrs oder durch Volljährigkeitserklärung (venia aetatis). Diese Erklärung erfolgt durch

das Vormundschaftsgericht. Sie erfordert Einwilligung des Minderjährigen und des Inhabers der elterlichen Gewalt und soll nur stattfinden, wenn sie das Beste des Minderjährigen befördert.

II. Der Unterschied der Geschlechter ist im Privatrecht von geringer Bedeutung. Die Geschäftsfähigkeit der Frau, auch der Ehefrau, ist unbeschränkt. Die Ehefrau hat sich in gemeinsamen Angelegenheiten der Entscheidung des Mannes zu fügen und ist infolge des ehemännlichen Nutzungs- und Verwaltungsrechts in der Verfügung über ihr eingebrachtes Gut beschränkt. Daß ihre Geschäftsfähigkeit nicht beschränkt ist, zeigt sich daran, daß sie alle Rechtsgeschäfte, die nicht Verfügung über eingebrachtes Gut sind, vornehmen kann: Erwerbsgeschäfte, Verpflichtungsgeschäfte, Verfügung von Todes wegen.

III. Von großer rechtlicher Bedeutung sind die geistigen Gebrechen. Das Gesetz unterscheidet drei Stufen geistiger Abnormität:

1. Geisteskrankheit (dauernde, krankhafte, die Willensfreiheit ausschließende Störung der Geistestätigkeit) bewirkt vollen Ausschluß der Handlungsfähigkeit.

2. Geistesschwäche (geistige Abnormität geringeren Grades, durch die die Willensfreiheit nicht ausgeschlossen, sondern nur gemindert wird) beeinträchtigt die Geschäftsfähigkeit nicht, kann aber Grund zur Entmündigung sein und bei der Beurteilung eines Verschuldens in Betracht kommen.

3. Geistige Defekte von noch geringerer Intensität können, wenn sie den Kranken an der Besorgung seiner Angelegenheiten hindern, Anlaß zur Einsetzung einer Pflegschaft sein, § 1910. Aus demselben Grunde kann wegen körperlicher Gebrechen eine Pflegschaft eingesetzt werden.

IV. Ehrenunterschiede kommen im bürgerlichen Recht in doppelter Weise in Betracht. Der auf Strafrecht beruhende Verlust der bürgerlichen Ehrenrechte hat im Privatrecht nur geringe Bedeutung. Dagegen hat die tatsächliche Ehrenminderung durch ehrloses oder unsittliches Verhalten zahlreiche und wichtige Rechtsfolgen: sie ist Grund für Scheidung und Entziehung des Pflichtteils und kann in gewissen Vertragsverhältnissen Kündigungsgrund sein. Die sog. Ehrenfolgen des Konkurses beruhen m. E. nicht auf Ehrenminderung, sondern auf der durch den Konkurs erwiesenen wirtschaftlichen Unfähigkeit.

V. Unterschiede der Konfession kommen im Privatrecht nicht in Betracht.

VI. Auch der Geburtsstand bedingt keine Verschiedenheit im Privatrecht. Nach Art. 109 der neuen Reichsverfassung „sind öffentliche Vorrechte oder Nachteile der Geburt oder des Standes aufzuheben“. Demgemäß muß die im EG. Art. 57, 58 bei den landesherrlichen und standesherrlichen Familien eingeräumte Autonomie wegfallen. Dagegen sind die Unterschiede des Berufsstands von größerer Bedeutung: es gibt Sonderrecht für Militärpersonen, Beamte, Bergleute und besonders für Kaufleute nach dem Handelsgesetzbuch (das aber auch Bestimmungen enthält, die nicht bloß für Kaufleute gelten) und für gewerbliche Arbeiter nach der Gewerbeordnung.

§ 17. Wohnsitz.

Wohnsitz, domicilium, ist der Ort, an dem jemand den Mittelpunkt seiner Lebenstätigkeit hat. Der Wohnsitz ist in der Regel frei gewählt (dom. voluntarium) und wird begründet durch eine für die Dauer gewollte Niederlassung; verloren durch eine in definitiver Absicht erfolgende Aufhebung der Niederlassung. Gewisse Personen haben einen von ihrem Willen unabhängigen gesetzlichen Wohnsitz (dom. necessarium): Militärpersonen am Garnisonsort, Ehefrauen am Wohnsitz des Mannes, Kinder am Wohnsitz des Vaters. Einen eigenen Wohnsitz kann die Ehefrau nur unter besonderen Umständen, das minderjährige Kind nur mit Zustimmung des Vaters begründen. Es kann jemand zwei Wohnsitze haben oder ganz ohne Wohnsitz sein. In Ermangelung eines Wohnsitzes ist der letzte Wohnsitz oder der Aufenthaltsort maßgebend. Der Wohnsitz ist von Bedeutung für die Zuständigkeit im Zivilprozeß und in der freiw. Gerichtsbarkeit, sowie als Erfüllungsort, § 269. Im internationalen Privatrecht ist der Wohnsitz durch die Staatsangehörigkeit verdrängt.

§ 18. Name.

Der Familienname wird erworben: durch Abstammung, Legitimation, Adoption, von Frauen auch durch Verheiratung. Namensänderung richtet sich nach öffentlichem Recht und ist in der Regel nur mit Erlaubnis der Behörde gestattet. Adelsbezeichnungen gelten nach Art. 109 der neuen Reichsverfassung als Teil des Namens. Der Vorname wird erworben durch Beilegung seitens dessen, dem die Sorge für die Person des Kindes zusteht: Vater, Mutter, Vormund. Der Name ist Gegenstand eines gegen Dritte geschützten subjektiven Rechtes, vgl. oben § 8 I, 4. Der Berechtigte kann, wenn sein Name bestritten oder von einem Unbefugten gebraucht wird, Beseitigung der Beeinträchtigung verlangen und bei Gefahr weiterer Störung auf Unterlassung klagen, § 12. Gegen unbefugten Gebrauch ist die Klage nur dann zulässig, wenn das Interesse des Berechtigten verletzt ist. Die analoge Ausdehnung des Namensschutzes auf Künstler- und Schriftstellernamen (Pseudonym) ist bestritten.

Viertes Kapitel.

Juristische Personen.

§ 19. Wesen und Arten.

I. Es gibt Rechte, die den Zwecken einer organisierten Personenmehrheit dienen oder einem Zweck, der ein für alle Mal bestimmt ist. Als Subjekt solcher Rechte wird ein Wesen gedacht, das man in rechtlicher Beziehung nach Analogie des Menschen behandelt und juristische Person nennt, weil die Persönlichkeit dieser Wesen nicht wie beim Menschen durch die Natur gegeben ist, sondern auf juristischen Einrichtungen und Vorstellungen beruht. Die juristische Person wird nicht, wie man bisweilen behauptet, als Mensch fingiert, sondern als rechtsfähiges Wesen neben den Menschen gestellt. Sie hat grundsätzlich dieselbe Rechtsfähigkeit wie der Mensch. Sie kann alle Rechte, insbesondere Vermögensrechte, haben, außer denen, für die die tatsächliche Grundlage fehlt (Familienrechte). Der Name der juristischen Person genießt den Schutz des § 12. Auch Verpflichtungen kann die juristische Person in demselben Sinne haben wie der willensunfähige Mensch, vgl. oben § 6 II.

II. Die Handlungsfähigkeit der juristischen Person wird in Ermangelung eines wirklichen Willens hergestellt durch die Organisation, d. h. durch Rechtssätze, die bestimmen, welche Menschen unter gewissen Voraussetzungen und Formen einen Beschluß fassen und eine Handlung vornehmen können, die als Beschluß oder Handlung der juristischen Person gilt. Diese Menschen nennt man Organe der juristischen Person.

III. Ihrer Struktur nach zerfallen die juristischen Personen in zwei Klassen: eine juristische Person, deren Angelegenheiten von einer Mehrheit von Menschen (den Mitgliedern) beherrscht wird, nennt man einen Verein oder genauer einen rechtsfähigen Verein, da das Wort Verein auch zur Bezeichnung von Personenmehrheiten gebraucht wird, die nicht den Charakter einer juristischen Person haben, vgl. unten § 24. Eine juristische Person, die keine Mitglieder hat, sondern einem bei der Begründung festgesetzten Willen unterliegt, heißt Stiftung.

§ 20. Entstehung des Vereins.

Der Verein wird durch Vertrag seiner ersten Mitglieder gegründet. Aber der Gründungsvertrag vermag dem Verein nicht die Rechtsfähigkeit und damit die Stellung einer juristischen Person zu verschaffen. Zu dem übereinstimmenden Willen der Gründer muß eine weitere, nach dem Zweck des Vereins verschiedene Tatsache hinzutreten:

1. Ein Verein, dessen Zweck auf einen wirtschaftlichen Geschäftsbetrieb gerichtet ist (wirtschaftlicher Verein) erlangt die Rechtsfähigkeit durch staatliche Verleihung (Konzession). Der Geschäftsbetrieb ist wirtschaftlich, wenn eine geschäftliche Tätigkeit des Vereins beabsichtigt ist, durch die ein Gewinn für den Verein oder wenigstens die Deckung der Kosten erstrebt wird. Für die meisten juristischen Personen, die unter den Begriff des wirtschaftlichen Vereins fallen, bestehen besondere Bestimmungen: im Handelsgesetzbuch (für die Aktiengesellschaften) und in den Reichsgesetzen über Gesellschaften mit beschränkter Haftung und über Erwerbs- und Wirtschaftsgenossenschaften, so daß das Recht des BGB. für wirtschaftliche Vereine fast nur subsidiär zur Anwendung kommt.

2. Ein Verein, dessen Zweck nicht auf einen wirtschaftlichen Geschäftsbetrieb gerichtet ist (sog. idealer Verein) erlangt die Rechtsfähigkeit durch Eintragung in das beim Amtsgericht geführte Vereinsregister, § 21. Der Name des Vereins erhält den Zusatz: eingetragener Verein. Die Eintragung hat zu erfolgen, wenn gewisse Voraussetzungen erfüllt sind: Mindestzahl von 7 Mitgliedern und Anmeldung durch den von den Gründern gewählten Vorstand unter Vorlage einer von ihnen verabredeten Satzung. Die Satzung muß Zweck, Namen und Sitz des Vereins enthalten und ergeben, daß der Verein eingetragen werden soll. Ferner sollen in der Satzung Ein- und Austritt der Mitglieder und einige andere Punkte geregelt sein. Wenn der Verein nach öffentlichem Recht unerlaubt ist, kann die Verwaltungsbehörde Einspruch gegen die Eintragung erheben. Der Einspruch kann im Verwaltungsstreitverfahren angefochten werden.

§ 21. Verfassung des Vereins.

I. Unter Verfassung versteht man die Regeln, die Zweck und Organisation des Vereins bestimmen. Die Verfassung der Vereine, deren Rechtsfähigkeit auf staatlicher Verleihung beruht, richtet sich nach Landesrecht. Die Verfassung der eingetragenen Vereine beruht auf Vorschriften des BGB. und, soweit diese Vorschriften nicht zwingend sind, auf der Satzung (Statut). Die bei der Anmeldung eingereichte Satzung kann durch Beschluß der Mitgliederversammlung geändert werden, und zwar, wenn die Satzung nichts anderes bestimmt, mit Dreiviertelmehrheit. Die Satzungsänderung wird erst durch Eintragung in das Vereinsregister wirksam. Änderung des Vereinszweckes erfordert Zustimmung aller Mitglieder.

II. Jeder Verein muß zwei Organe haben: die Mitgliederversammlung und den Vorstand.

1. Die Mitgliederversammlung ist das oberste Organ. Sie entscheidet in allen Angelegenheiten, die nicht einem anderen Organ zugewiesen sind. Insbesondere hat die Versammlung den Vorstand zu bestellen, abzuberufen und ihm Instruktionen zu erteilen. Dagegen kann die Versammlung ihrer Natur nach keine Rechtsgeschäfte mit Dritten vornehmen; sie kann beschließen, daß ein Vertrag mit einem Dritten geschlossen werden soll, muß aber den Abschluß des Vertrages dem Vorstand überlassen. Die Versammlung muß, unter Angabe der Tagesordnung, berufen sein, in der Regel durch den Vorstand, der unter gewissen Umständen verpflichtet ist, die Berufung vorzunehmen. In der Versammlung entscheidet die Mehrheit, nicht der vorhandenen, sondern der erschienenen Mitglieder. Ein Mitglied

ist nicht stimmberechtigt bei einem Beschluß, der ein mit ihm vorzunehmendes Rechtsgeschäft oder einen gegen ihn zu führenden Prozeß betrifft. Der Beschluß der Versammlung kann ersetzt werden durch schriftliche Zustimmung aller vorhandenen Mitglieder. Ein Beschluß ist nichtig, wenn er gegen das Gesetz oder die Satzung verstößt.

2. Das ausführende Organ des Vereins ist der aus einer oder mehreren Personen bestehende Vorstand. Die Bestellung erfolgt durch die Mitgliederversammlung und ist jederzeit widerruflich. In der Satzung kann die Möglichkeit der Abberufung auf das Vorliegen eines wichtigen Grundes beschränkt sein. In dringenden Fällen kann der fehlende Vorstand durch das Amtsgericht ernannt werden. Der Vorstand hat den Verein gerichtlich und außergerichtlich zu vertreten und die Geschäfte des Vereins zu führen. Sein Rechtsverhältnis zum Verein wird nach Analogie des Auftrags beurteilt. Er hat die Weisungen der Mitgliederversammlung zu befolgen. Unter mehreren Vorstandsmitgliedern entscheidet die Mehrheit. Bei Willenserklärungen an den Verein genügt Abgabe der Erklärung an ein Mitglied des Vorstandes. Die jeweiligen Mitglieder des Vorstandes und jede Beschränkung ihrer Vertretungsmacht sind im Vereinsregister einzutragen. Nichteingetragene Änderungen oder Vertretungsbeschränkungen des Vorstandes können gegen gutgläubige Dritte nicht geltend gemacht werden; gegen die Eintragung solcher Tatsachen können sich Dritte auf eine Unkenntnis berufen, die nicht auf Fahrlässigkeit beruht.

3. Neben dem Vorstand kann die Satzung für gewisse Geschäfte besondere Vertreter vorsehen (z. B. Kassierer, Schriftführer). Sie sind, wie der Vorstand, Organe des Vereins und werden daher in der Regel durch die Mitgliederversammlung bestellt. Von den satzungsmäßigen Spezialorganen sind zu unterscheiden Vertreter, die vom Vorstand durch eine namens des Vereins erteilte Vollmacht bestellt werden; sie sind nicht Vereinsorgane, sondern unterstehen demselben Recht wie der Bevollmächtigte einer natürlichen Person.

4. Die Vertretungsmacht der Vereinsorgane bezieht sich auf Rechtsgeschäfte und sonstige Rechtshandlungen. Verbotene Handlungen liegen außerhalb ihrer Kompetenz. Trotzdem läßt § 31 den Verein für verbotene und sonstige zu Schadensersatz verpflichtende Handlungen (z. B. Notstandshandlungen) haften, die ein Vereinsorgan in Ausführung der ihm zustehenden Verrichtungen begeht. Dieser, auch für die wirtschaftlichen Vereine (insbesondere auch für die Aktiengesellschaften) geltende Rechtssatz beruht auf der Erwägung, daß der Verein vermöge seiner Organe eine wirtschaftliche in den Rechtskreis Dritter übergreifende Macht ausübt und daher, wie er von der Tätigkeit seiner Organe den Nutzen zieht, so auch für den von ihnen angerichteten Schaden einzustehen hat. Für Vertreter und Hilfspersonen, deren Stellung nicht auf der Satzung beruht, haftet der Verein nach den allgemeinen Grundsätzen des § 831.

§ 22. Mitgliedschaft.

I. Die Mitgliedschaft ist das Rechtsverhältnis zwischen dem Verein und einem Mitgliede. Sie wird begründet durch eine rechtsgeschäftliche Erklärung des Mitgliedes, zu der in der Regel eine Zustimmung eines Vereinsorgans hinzutreten muß.

II. Aus der Mitgliedschaft erwachsen Rechte und Pflichten gegenüber dem Verein, nicht gegenüber Dritten; das Mitglied ist nicht Subjekt, der dem Verein zustehenden Rechte und haftet nicht für die Schulden des Vereins. Rechte und Pflichten des Mitglieds ergeben sich aus der Satzung, nur das Stimmrecht beruht auf dem Gesetz. Neben dem Stimmrecht kann es Rechte auf Benutzung der Vereinseinrichtungen oder auf einen Gewinnanteil geben. Die Pflichten können persönliche Leistungen oder Sachleistungen (Beiträge) zum Inhalt haben. Die Mitgliedschaft ist in der Regel unveräußerlich und unvererblich; auch die Ausübung der Rechte kann nur persönlich geschehen. Die Rechte und Pflichten der Mitglieder können durch die Mitgliederversammlung modifiziert werden, jedoch nur gleichmäßig für alle Mitglieder. Die Satzung kann einem Mitglied oder einer Kategorie von Mitgliedern Sonderrechte gewähren, die nur mit Zustimmung des Berechtigten aufgehoben werden können. Von den auf der Mitgliedschaft beruhenden Rechten und Pflichten sind zu unterscheiden Rechtsbeziehungen des Vereins zu einem Mitglied aus allgemeinen außerhalb des Vereinsrechts liegenden Gründen, z. B. aus einem Vertrag zwischen Verein und Mitglied oder aus einem Delikt des Mitglieds gegen den Verein; in solchen Rechtsbeziehungen wird das Mitglied wie ein außerhalb des Vereins stehender Dritter behandelt.

3. Jedes Mitglied hat ein unentziehbares Recht, aus dem Verein auszutreten und sich dadurch der Herrschaft der Majorität zu entziehen. Ein Ausschluß des Mitgliedes kann nur erfolgen auf Grund der Satzung oder in Ermangelung einer statutarischen Bestimmung aus „wichtigem Grunde". Ein ausgeschlossenes Mitglied kann die Gerichte anrufen wegen formeller und m. E. auch wegen materieller Unrechtmäßigkeit des Ausschließungsbeschlusses. Das ausscheidende Mitglied hat keinen Anteil am Vereinsvermögen zu beanspruchen.

§ 23. Ende des Vereins.

I. Der Verein verliert die Rechtsfähigkeit und damit die Existenz als juristische Person:

1. durch Auflösung, die aus folgenden Gründen stattfinden kann: Wegfall aller Mitglieder; Beschluß der Mitgliederversammlung, zu dem, wenn die Satzung nicht anders bestimmt, Dreiviertelmehrheit erforderlich ist; Eingreifen der Polizeibehörde nach dem Vereinsgesetz von 1908, wenn der Zweck des Vereins dem Strafgesetz zuwiderläuft;

2. durch Eröffnung des Konkurses über das Vereinvermögen. Der Vorstand ist verpflichtet, bei Überschuldung des Vereins die Eröffnung des Konkurses zu beantragen;

3. durch Entziehung der Rechtsfähigkeit seitens der Verwaltungsbehörde. Die Entziehung ist zulässig: wenn der Verein das Gemeinwohl gefährdet; oder entgegen seiner Satzung einen wirtschaftlichen Zweck verfolgt;

4. durch Entziehung der Rechtsfähigkeit seitens des Amtsgerichts, wenn die Mitgliederzahl eines eingetragenen Vereins unter drei sinkt.

II. Das Schicksal des Vermögens eines Vereins, der die Rechtsfähigkeit verloren hat, bestimmt sich nach der Satzung. In Ermangelung einer statutarischen Bestimmung kann die Mitgliederversammlung eines idealen Vereins das Vermögen an eine öffentliche Stiftung oder Anstalt überweisen. Hat weder die Satzung noch die Mitgliederversammlung eine Bestimmung getroffen, so fällt das Vermögen, wenn der Verein ausschließlich den Interessen der Mitglieder diente, an die letzten Mitglieder; sonst an den Fiskus, der das Vermögen in einer dem Vereinszweck entsprechenden Weise zu verwenden hat.

Der Fiskus erwirbt das Vermögen des Vereins wie ein gesetzlicher Erbe durch Universalsukzession. In den übrigen Fällen muß eine Liquidation stattfinden, während der das Vereinsvermögen fortbesteht. Die Anfallberechtigten haben obligatorische Ansprüche auf Ausantwortung der ihnen zukommenden Beträge; die Auszahlung darf nicht vor Ablauf des Sperrjahres, § 51, erfolgen.

§ 24. Nichtrechtsfähige Vereine.

Ein Verein, der die Rechtsfähigkeit nicht erlangen kann oder will, ist keine juristische Person, sondern ein Rechtsverhältnis zwischen mehreren Menschen, die sich zur Verfolgung eines gemeinsamen Zweckes verbunden haben. Daher steht ein solcher Verein grundsätzlich unter dem Recht der Gesellschaft, §§ 705ff. Das dem gemeinsamen Zweck dienende Vermögen gehört in Ermangelung einer juristischen Persönlichkeit des Vereins den Mitgliedern; auf ihren Namen müssen aber die für den Verein erworbenen Grundstücke eingetragen werden. Ebenso sind die Mitglieder Schuldner der für den gemeinsamen Zweck eingegangenen Verpflichtungen. Der nichtrechtsfähige Verein ist aber nicht identisch mit der Gesellschaft: er ist, im Gegensatz zur Gesellschaft, auf einen Wechsel des Mitgliederbestandes angelegt. Daher sind die größtenteils nachgiebigen Rechtssätze des Gesellschaftsrechts mit den Modifikationen anzuwenden, die sich aus dem Zweck des Vereins ergeben; insbesondere ist meistens eine beschränkte Haftung der Mitglieder für die Vereinsschulden anzunehmen. Auch das Gesetz enthält wichtige Abweichungen vom Gesellschaftsrecht: persönliche Haftung dessen, der namens des Vereins ein Rechtsgeschäft eingeht; passive Parteifähigkeit des Vereins; Möglichkeit des Konkurses über das Vereinsvermögen.

§ 25. Die Stiftung.

Die Stiftung ist eine als juristische Person gedachte Organisation zur Verwirklichung eines ein für alle Mal festgesetzten Zweckes. Keine Stiftung im technischen Sinn ist eine Zuwendung an eine schon bestehende juristische Person mit der Auflage der Verwendung zu einem bestimmten Zweck.

Die Stiftung entsteht durch den Willen des Stifters und eine hinzutretende staatliche Genehmigung. Das Stiftungsgeschäft ist eine einseitige Erklärung, in der der Stifter Zweck und Sitz der Stiftung feststellt, sowie in der Regel die Stiftung mit einem Vermögen ausstattet und Bestimmungen über die Organisation trifft. Unter Lebenden bedarf das Stiftungsgeschäft der Schriftform und kann bis zur staatlichen Genehmigung widerrufen werden; auch vom Erben, es sei denn, daß der Stifter das Genehmigungsgesuch bereits eingereicht hat. Von Todes wegen kann die Stiftung in einem Testament oder Erbvertrag erfolgen. Bei Gültigkeit des Stiftungsgeschäftes entsteht die Stiftung mit ihrer Genehmigung. Der Stifter ist nunmehr verpflichtet, daß zugesagte Vermögen an die Stiftung zu übertragen. Die Genehmigung gilt, wenn sie nach dem Tode des Stifters erfolgt, als vor dem Tode erteilt, wodurch Beerbung des Stifters durch die Stiftung ermöglicht wird (§ 1923); diese Fiktion gilt nur für Zuwendungen des Stifters.

III. Die Verfassung der Stiftung beruht auf den Vorschriften des BGB. und, soweit diese Vorschriften nicht zwingend sind, auf der vom Stifter aufgestellten Satzung. Zur Ergänzung verweist das BGB. auf Landesrecht. Die Stiftung hat, im Unterschied vom Verein, keine Mitglieder, sondern nur Organe, die den Willen des Stifters ausführen. Sie muß einen Vorstand haben. Seine Bestellung erfolgt auf Grund der Satzung; seine Vertretungsmacht kann durch die Satzung beschränkt sein. Sollen nach der Satzung aus dem Ertrag der Stiftung Zuwendungen an bestimmte Personen (Destinatäre) erfolgen, so haben diese Personen eine Forderung gegen die Stiftung; bisweilen entsteht diese Forderung erst durch eine Erklärung des Vorstandes (Verleihung).

IV. Die nach Landesrecht zuständige Behörde kann Zweck und Verfassung der Stiftung ändern oder die Stiftung aufheben, wenn die Erreichung des Zweckes unmöglich geworden ist oder die Stiftung das Gemeinwohl gefährdet. Ferner erlischt die Stiftung durch Konkurs über ihr Vermögen. Bei Aufhebung der Stiftung bestimmt sich das Schicksal ihres Vermögens nach der Satzung und, wenn die Satzung nichts vorschreibt, nach Landesrecht; die meisten Landesrechte überweisen das Vermögen dem Fiskus. Der Fiskus erwirbt als Universalsukzessor; in den übrigen Fällen erfolgt Liquidation.

§ 26. Juristische Personen des öffentlichen Rechts.

I. Wie das Privatrecht, so kennt auch das öffentliche Recht juristische Personen, von denen die wichtigste der Staat ist. Die Zugehörigkeit einer juristischen Person zum öffentlichen oder zum Privatrecht ergibt sich in erster Linie aus ihrer Entstehung: juristische Personen, die durch den Willen von Privatpersonen begründet werden (wenn auch mit staatlicher Genehmigung), gehören dem Privatrecht an; auch wenn durch ihre Tätigkeit öffentliche Interessen gefördert werden; dagegen sind öffentlich solche juristische Personen, die durch staatliche Maßregeln geschaffen sind oder vom Staat als Stück der öffentlichen Rechtsordnung organisiert (Gemeinden) oder anerkannt (Kirchen) sind. Die Verfassung solcher juristischen Personen bestimmt sich nach öffentlichem Recht. Nach Analogie des Privatrechts kann man auch im öffentlichen Recht zwei Klassen von juristischen Personen unterscheiden: den Vereinen entsprechen die Korporationen (juristische Personen, deren Angelegenheiten durch den Willen von Mitgliedern geleitet werden); der Stiftung entspricht die Anstalt (jur. Person, die nur ausführende Organe hat).

II. Die juristischen Personen des öffentlichen Rechts sind wie die des Privatrechts vermögensfähig. Den Staat nennt man in seiner Eigenschaft als Vermögenssubjekt Fiskus. Der Fiskus wie die übrigen juristischen Personen des öffentlichen Rechts können zu Privatpersonen in privatrechtliche Beziehungen, insbesondere in rechtsgeschäftlichen Verkehr, treten. Für diese Beziehungen gilt bürgerliches Recht, mit wenigen Sonderbestimmungen, z. B. §§ 395, 411, Art. 92. Insbesondere haftet die juristische Person des öffentlichen Rechts bei Nichterfüllung ihrer Verbindlichkeiten für ihre Angestellten wie jeder andere Schuldner nach § 278. Zwei Rechtssätze des BGB. sollen nach ausdrücklicher Bestimmung des Gesetzes auch auf juristische Personen des öffentlichen Rechtes Anwendung finden: § 42 und insbesondere § 31; demgemäß haftet die juristische Person des öffentlichen Rechtes für ihre verfassungsmäßig berufenen Vertreter, wenn diese in Ausführung ihrer Verrichtungen eine zu Schadensersatz verpflichtende Handlung begehen. Unter verfassungsmäßig berufenen Vertretern sind in entsprechender Anwendung zu verstehen die in leitender Stellung befindlichen Beamten mit selbständigem Wirkungskreis. Ein Vorbehalt für das Landesrecht besteht nach Art. 77 für den Fall, daß der Beamte in Ausübung öffentlicher Gewalt handelt. Die meisten Landesrechte haben, wie das Reich in einem Gesetze von 1910, bestimmt, daß dem Geschädigten der Staat an Stelle des schuldigen Beamten (mit Rückgriff auf diesen) haften solle.

Fünftes Kapitel.

Die Sachen.

§ 27. Begriff der Sache.

I. Unter Sache versteht das BGB. nur körperliche Gegenstände, § 91. Das Wort Gegenstand wird in einem weiteren Sinn gebraucht, insbesondere auch zur zusammenfassenden Bezeichnung von Sachen und Rechten, vgl. §§ 434, 581 im Gegensatz zu § 535.

II. Sachen sind nur die körperlichen Gegenstände, die einer rechtlichen Herrschaft unterliegen können. Daher gehört zum Grundstück der Raum über und unter der Oberfläche nur so weit, als er sich von der Oberfläche aus beherrschen läßt, § 905. Wasser und Luft sind nur so lange Sachen im Rechtssinn, als sie in Behältnissen eingeschlossen sind. Der Körper des lebenden Menschen gilt nicht als Sache, vgl. oben § 8 I, 5, wohl aber abgetrennte Körperteile, künstliche Gliedmaßen und der Leichnam.

III. Sache ist die körperliche Substanz, nicht ihre physikalischen Zustände und Eigenschaften; daher ist Wärme, Licht, Elektrizität keine Sache.

IV. Die Einheit der Sache ist durch den körperlichen Zusammenhang (Kohärenz) bedingt. Fehlt es an der Kohärenz, so nehmen wir eine Mehrheit von Sachen an, außer wenn es sich um eine Mehrheit von gleichartigen und im einzelnen ganz wertlosen Körpern handelt: ein Sandhaufen oder ein Quantum Kohlen wird im Leben wie im Recht als Einheit betrachtet. Eine Mehrheit von Sachen, die sich durch gemeinsame Bestimmung wirtschaftlich als Ganzes darstellen (Herde, Bibliothek, Warenlager, Inventar) heißt Sachinbegriff. Objekt der dinglichen Rechte ist nicht der Inbegriff, sondern die einzelne Sache, z. B. Objekt des Eigentums nicht die Bibliothek, sondern jedes einzelne Buch. Aus der Zugehörigkeit zu einem Sachinbegriff ergeben sich aber in gewisser Beziehung besondere Rechtsfolgen, §§ 92, 1035.

§ 28. Arten der Sachen.

I. Grundlegend für unser Recht ist die Einteilung der Sachen in Grundstücke (Immobilien) und bewegliche Sachen (Mobilien). Die Grundstücke und alle dinglichen Rechtsverhältnisse an ihnen werden im Grundbuch eingetragen; durch die Art der Eintragung bestimmt sich auch die Einheit oder Mehrheit von Grundstücken. Öffentliche Register und Eintragung gibt es auch bei Schiffen; daher ist das dingliche Recht an Schiffen dem Immobiliarsachenrecht ähnlich gestaltet.

II. Innerhalb der beweglichen Sachen macht das Gesetz zwei Unterscheidungen:

1. unvertretbare Sachen und vertretbare (Fungibilien). Vertretbar sind Sachen, die im Verkehr nach Zahl, Maß oder Gewicht bestimmt zu werden pflegen, z. B. Geld, Getreide, Wein. Der Unterschied beruht auf der allgemeinen Verkehrsanschauung. Dagegen richtet sich nach der Verabredung der Parteien im einzelnen Fall, ob die Verpflichtung zur Lieferung einer Sache Speziesschuld oder Gattungsschuld, § 243, ist;

2. unverbrauchbare und verbrauchbare Sachen. Es kommt darauf an, ob der bestimmungsgemäße Gebrauch einer Sache im Verbrauch oder in der Veräußerung besteht. Verbrauchbar sind z. B. Lebensmittel und Geld sowie Sachen, die zu einem Sachinbegriff gehören, dessen Bestimmung in der Veräußerung der einzelnen Sachen besteht.

III. Eine Sache ist teilbar, wenn sie ohne Wertverminderung in gleichartige Stücke zerlegt werden kann.

IV. Geld ist eine Sache, die als Maßstab für die übrigen Vermögensgegenstände und daher als allgemeines Tauschmittel gilt. Diese Funktion kommt gewissen Sachen zu: durch die Übung des Verkehrs (Verkehrsgeld) oder durch Vorschrift des Gesetzes (Staatsgeld. Währung). Die Metallwährung des Deutschen Reiches beruhte auf dem Münzgesetz von 1873. Goldmünzen mußten in jedem Betrag in Zahlung genommen werden (Goldwährung), Silber, Nickel und Kupfer nur bis zu einem Höchstbetrag (Scheidemünzen). Reichskassenscheine sind Schuldscheine des Reiches und mußten nur von den öffentlichen Kassen in Zahlung genommen werden. Auch Banknoten sind nicht Geld, sondern Schuldverschreibungen; jedoch wurden die Reichsbanknoten durch Gesetz von 1909 zu gesetzlichen Zahlungsmitteln erhoben. Infolge des Krieges und der Revolution sind tiefgehende Veränderungen eingetreten, die sich als Übergang zur Papierwährung darstellen. Die Reichskasse und die Reichsbank sind nicht mehr verpflichtet, ihre Kassenscheine bzw. Banknoten einzulösen; die Reichskassenscheine sind gesetzliches Zahlungsmittel geworden, die Silbermünzen haben aufgehört es zu sein; außerdem werden Darlehnskassenscheine ausgegeben, die nicht im Privatverkehr, wohl aber bei den öffentlichen Kassen Zwangskurs haben.

V. Urkunden sind Schriftstücke, in denen eine rechtliche Tatsache verbrieft ist. Man unterscheidet:

1. Beweisurkunden, z. B. den Schuldschein, in dem der Schuldner den Empfang der Dahrlehnssumme bekennt, die Quittung, in der der Gläubiger den Empfang der Leistung bekundet.

2. Urkunden, in den eine rechtsgeschäftliche Willenserklärung verkörpert ist (vgl. unten § 37 IV, 1), nennt man Dispositivurkunden, weil durch ihre Ausstellung eine Änderung der Rechtslage herbeigeführt wird.

3. Bisweilen ist das durch Ausstellung der Urkunde entstandene Recht so eng mit der Urkunde verknüpft, daß die Ausübung des Rechts und die Verfügung über das Recht nicht ohne die Urkunde erfolgen kann Solche Urkunden nennt man Wertpapiere. Das im Wertpapier verkörperte Recht ist gewöhnlich eine Forderung, kann aber auch ein Pfandrecht (Hypothek, Grundschuld) oder ein Mitgliedschaftsrecht (Aktie) sein. Man unterscheidet:

a) Namenspapiere: ausgestellt auf den Namen des Berechtigten.

b) Orderpapiere: ausgestellt auf den Namen des Berechtigten oder einer von ihm zu bestimmenden Person, „an seine Order". Hauptfall ist der Wechsel. Die Bestimmung des weiteren Berechtigten heißt Indossament.

c) Inhaberpapiere: berechtigt ist der jeweilige Eigentümer des Papiers.

§ 29. Bestandteile der Sache.

I. Die dinglichen Rechtsverhältnisse erfassen grundsätzlich die ganze Sache. An körperlichen Stücken, Bestandteilen, der Sache können, wenn sie wesentlich im Sinne des Gesetzes sind, keine besonderen Rechte bestehen, § 93. Als wesentlich bezeichnet das Gesetz die Bestandteile, die nicht voneinander getrennt werden können, ohne daß der eine oder der andere zerstört oder in seinem Wesen verändert wird, und rechnet zu den wesentlichen Bestandteilen eines Grundstücks: die mit dem Grund und Boden festverbundenen Sachen, insbesondere die Gebäude sowie die noch nicht getrennten Erzeugnisse des Grundstücks; wesentliche Bestandteile eines Gebäudes sind zur Herstellung desselben eingefügten Sachen. Dagegen sind nicht Bestandteile des Grundstückes und daher als Mobilien zu behandeln: Sachen, die zu einem vorübergehenden Zweck mit dem Grundstück verbunden sind, sowie Gebäude und Werke, die in Ausübung eines dinglichen Rechtes mit einem Grundstück verbunden sind.

II. Wird eine Sache derart mit einer anderen verbunden, daß sie als wesentlicher Bestandteil des Ganzen zu betrachten ist, so erfolgt mit rechtlicher Notwendigkeit eine Rechtsverschiebung: die an der Hauptsache, insbesondere am Grundstück, bestehenden dinglichen Rechtsverhältnisse (Eigentum, Hypothek) ergreifen auch die zum Bestandteil gewordene Sache.

III. Als Bestandteil des Grundstücks gelten auch die mit dem Eigentum am Grundstück verbundenen (mittelbar zuständigen) Rechte, insbesondere die Grunddienstbarkeiten, vgl. oben § 7 III.

§ 30. Zubehör.

I. Zubehör (Pertinenz) ist eine körperlich selbständige bewegliche Sache, die die dauernde und der Verkehrsanschauung entsprechende Bestimmung hat, den wirtschaftlichen Zwecken einer Hauptsache zu dienen, und zu ihr in einem dieser Bestimmung angemessenen räumlichen Verhältnis steht, § 97. Hauptsache ist oft ein Grundstück, insbesondere sind bei einem für gewerbliche Zwecke eingerichteten Gebäude Zubehör: die Maschinen (soweit sie nicht wesentlicher Bestandteil sind) und die sonstigen Gerätschaften; bei einem Landgut: das lebende und tote Inventar.

Aber auch Mobilien können Zubehör haben; so gehört z. B. zum Schrank der Schlüssel, zum Fahrrad die Laterne.

II. Das Zubehör unterliegt nicht notwendig dem Recht der Hauptsache. Aber es bestehen Rechtssätze, die die Zusammengehörigkeit befördern. Eine durch Vertrag oder Vermächtnis begründete Verpflichtung zur Veräußerung der Hauptsache erstreckt sich im Zweifel auf das Zubehör. Bei Grundstücken wird das Zubehör im Zweifel auch vom dinglichen Veräußerungsvertrag erfaßt. Auf den Erwerber des Grundstücks geht das Eigentum am Zubehör über ohne die sonst bei Mobilien erforderliche Übergabe. Die Hypothek ergreift das Zubehör, ohne daß Besitz des Gläubigers erforderlich ist. Endlich kann das Zubehör nicht durch Pfändung vom Grundstück getrennt werden.

§ 31. Früchte.

I. Früchte sind Erträge einer Sache oder eines Rechtes. Das BGB. unterscheidet in § 99:

1. natürliche Früchte (fructus naturales) sind alle Erzeugnisse der Sache (was aus der Sache unbeschadet ihrer Substanz entsteht), bei Grundstücken der Pflanzenwuchs, bei Tieren die Produkte, und außer den Erzeugnissen die sonstige bestimmungsmäßige Ausbeute der Sache, z. B. die aus einem Grundstück gewonnenen Bodenbestandteile. Natürliche Früchte eines Rechtes sind die bestimmungsgemäßen Erträge; sie bestehen bei Nutzungsrechten (Nießbrauch, Pacht, Bergwerksrecht) aus den Erzeugnissen bzw. Bodenbestandteilen der Sache, die Gegenstand des Rechtes ist; bei Forderungen ist die natürliche Frucht der Zins, beim Aktienrecht: die Dividende;

2. bürgerliche Früchte (fructus civiles) sind die Erträge, die eine Sache oder ein Recht vermöge eines vom Berechtigten eingegangenen Rechtsverhältnisses gewährt, insbesondere der Entgelt, den der Fruchtberechtigte dafür bekommt, daß er die natürlichen Früchte einem anderen überläßt; bürgerliche Früchte zieht z. B. der Eigentümer, wenn er die Sache vermietet, der Jagdberechtigte oder Patentinhaber, wenn er sein Recht verpachtet.

II. Die natürlichen Früchte von Sachen und Nutzungsrechten sind bewegliche Sachen, an denen das Eigentum nach §§ 953ff. in der Regel durch Trennung von der Muttersache erworben wird. Alle übrigen Früchte sind Forderungen. Die Zinsen und Dividenden entstehen als akzessorische Rechte, vgl. oben § 9III, in der Person dessen, dem die Hauptforderung zusteht. Die bürgerlichen Früchte (Miet- und Pachtzinsforderungen) entstehen für den, der das betreffende Rechtsverhältnis begründet hat; vermietet z. B. jemand eine fremde Sache in eigenem Namen, so steht die Mietzinsforderung nicht dem Eigentümer zu, sondern dem Vermieter.

III. In der Person des Fruchtberechtigten kann ein Wechsel stattfinden; so geht z. B. das Fruchtziehungsrecht bei Tod des Nießbrauchers oder Endigung der Pacht auf den Eigentümer über. Das Gesetz regelt die Auseinandersetzung zwischen dem ersten und dem nachfolgenden Fruchtberechtigten: bei natürlichen Früchten von Sachen und Nutzungsrechten entscheidet der Moment der Trennung; andere Früchte sind, wenn sie in regelmäßig wiederkehrenden Leistungen bestehen, nach Verhältnis der Zeit zu teilen; ist z. B. der Nießbrauch an einer vermieteten Sache in der Mitte des Mietsjahres erloschen, so gebührt von dem am Ende des Jahres an die Erben des Nießbrauchers gezahlten Mietzins die Hälfte dem Eigentümer der Sache. Für Zivilfrüchte, die nicht regelmäßig wiederkehren, entscheidet der Moment der Fälligkeit. Nach denselben Grundsätzen erfolgt die Ausgleichung, wenn die Person dessen, der die Lasten einer Sache zu tragen hat, wechselt: wiederkehrende Lasten sind nach Verhältnis der Zeit zu teilen; für einmalige Lasten entscheidet der Zeitpunkt der Fälligkeit.

IV. Wer aus fremdem Recht oder fremder Sache Früchte zieht, ist in der Regel zur Herausgabe derselben verpflichtet, so z. B. der Besitzer einer fremden Sache, §§ 987ff. Bei der Herausgabe können die auf die Gewinnung der Früchte aufgewendeten Kosten abgezogen werden.

V. Unter Nutzungen versteht das Gesetz (§ 100) die Früchte und die Vorteile, die der Gebrauch einer Sache gewährt. Der Vorteil besteht in einem Geldwert, der sich meistens aus der Ersparnis ergibt, die durch den Gebrauch der Sache ermöglicht wurde.

§ 32. Verkehrsunfähige Sachen.

Nach römischem Rechte waren gewisse Sachen dem rechtlichen Verkehr entzogen, extra commercium. Dazu gehörten die res sacrae (gottesdienstliche Gebäude und Gerätschaften), res religiosae (Begräbnisstätten), sowie die res publicae et publico usui destibatae. Das BGB. erwähnt diese Sachen nicht, weil es sich um Fragen des öffentlichen Rechts handelt. In den meisten Landesrechten wird im Anschluß an die gemeinrechtliche Doktrin an diesen Sachen ein Eigentumsrecht angenommen, das dem Staat, der Kirche, Gemeinde oder einer sonstigen Person, auch einer Privatperson, zustehen kann; nur an öffentlichen Flüssen besteht nach gemeinem Recht kein Eigentum, auch kein Eigentum des Staates. Die Zweckbestimmung dieser Sachen denkt man sich als eine Beschränkung oder Belastung des Eigentums, die entweder darin besteht, daß die Sache dem öffentlichen Dienst gewidmet ist (Festungen, Verwaltungsgebäude usw.) oder daß sie dem Gemeingebrauch überlassen ist (öffentliche Flüsse, Plätze und Straßen, Gebäude, Kirchen und Friedhöfe). Soweit die Benutzung der Sache durch ihre Zweckbestimmung nicht beansprucht wird, kommt das zugrunde liegende Eigentum zur Geltung; ebenso wenn die Zweckbestimmung in der vom öffentlichen Recht vorgeschriebenen Form aufgehoben ist. Der Gemeingebrauch kommt jedem Interessenten zugute, ist aber nicht als subjektives Recht anerkannt.

Von den verkehrsunfähigen Sachen ist zu unterscheiden das sog. Finanzvermögen des Staates und der sonstigen juristischen Personen des öffentlichen Rechts; es besteht aus Vermögensstücken, die dem öffentlichen Zweck nur durch ihren Ertrag dienen und grundsätzlich den Vorschriften des Privatrechts unterstehen.

Sechstes Kapitel.

Entstehung und Untergang der Rechte.

§ 33. Die rechtserheblichen Tatsachen.

I. Das Gesetz ist in der Regel eine abstrakte, für viele gleichartige Fälle geltende Vorschrift. (Nur ganz selten kommen in unserer Rechtsordnung Gesetze vor, die nur einen Fall betreffen, sog. Privilegien.) Daher ist die logische Struktur eines Gesetzes als hypothetischer Satz zu denken: „wenn gewisse Tatsachen vorliegen, soll eine bestimmte Wirkung eintreten". Die im Bedingungssatz aufgezählten Tatsachen sind der Tatbestand, der im Hauptsatz ausgesprochene Gesetzesbefehl ist die Rechtsfolge des Tatbestandes. Die Rechtswirkung ist stets eine Veränderung in der Rechtswelt, insbesondere Entstehung, Untergang oder Änderung von Rechtsverhältnissen oder subjektiven Rechten. Der Tatbestand eines Rechtssatzes ist meistens aus mehreren einzelnen Tatsachen zusammengesetzt, die gleichzeitig vorliegen oder nacheinander, in bestimmter oder beliebiger Reihenfolge, eintreten müssen. Tatsachen, die zu einem mit Rechtswirkung ausgestatteten Tatbestand gehören, nennt man rechtserheblich oder juristisch. Ihnen steht gegenüber die große

Masse der unerheblichen, irrelevanten, Tatsachen. Unter den juristischen Tatsachen steht im Vordergrund die menschliche Handlung: ein nach außen Hervortreten des Verhalten des Menschen. Daneben kommen innere Seelenzustände in Betracht, insbesondere das Wissen oder Nichtwissen. Ferner die verschiedenartigsten äußeren Ereignisse, darunter auch der Ablauf einer Zeit seit einem bestimmten Ereignis.

II. Gehören zu einem Tatbestand mehrere Tatsachen (a, b, c), so kann die Rechtsfolge nicht früher eintreten, als bis die letzte Tatsache, c, vorliegt. In einigen Fällen verlegt aber das Gesetz die Wirkung auf einen vor dem Eintritt dieser Tatsache liegenden Moment. Man spricht von Rückwirkung oder davon, daß die Rechtsfolge nicht ex nunc, sondern ex tunc eintritt. So wirkt z. B. die Genehmigung auf den Zeitpunkt der Vornahme des Rechtsgeschäfts zurück, vgl. unten § 43 III; ebenso die Anfechtung, indem sie das Geschäft zu einem von Anfang an nichtigen macht, vgl. unten § 47 III.

III. Die rechtserheblichen Handlungen kann man einteilen in: rechtmäßige und rechtswidrige (vgl. unten § 65), die rechtmäßigen Handlungen in:

1. Willensäußerungen; unter diesen sind zu unterscheiden:

a) die rechtsgeschäftlichen Willensäußerungen, die allein oder in Verbindung mit anderen Tatsachen den Tatbestand eines Rechtsgeschäftes (vgl. unten § 37) bilden; sie sind auf Herbeiführung einer Rechtswirkung gerichtet und haben, wenn das Rechtsgeschäft gültig ist, vgl. unten § 46, die gewollte Rechtswirkung zur Folge;

b) Rechtshandlungen: Willensäußerungen, deren Wirkung sich nicht aus dem Inhalt des Willens, sondern aus der Vorschrift des Gesetzes ergibt; so enthält z. B. die Mahnung ein Verlangen der Leistung, ihre Wirkung besteht aber in den vom Gesetz angeordneten und vom Willen des Mahnenden unabhängigen Verzugsfolgen; ebenso hat die Erklärung des Gläubigers, die Leistung nicht annehmen zu wollen, die nicht auf seinem Willen beruhende Rechtsfolge des Annahmeverzuges. Auf die Rechtshandlungen finden die meisten Vorschriften über Rechtsgeschäft entsprechende Anwendung;

c) Tathandlungen: gewollte Veränderungen der Außenwelt, die vom Gesetz mit Rechtsfolgen ausgestattet sind, z. B. die Verarbeitung oder das Finden einer Sache, die Aufwendung, die ständige Niederlassung.

2. Vorstellungsäußerungen, insbesondere die Mitteilung (Anzeige) von Tatsachen.

3. Gefühlsäußerungen, insbesondere die Verzeihung, §§ 532, 1570, 2343.

IV. Die Unterlassung ist eine negative Handlung, wenn sie auf dem Willen des Unterlassenden beruht. Von der Unterlassung ist zu unterscheiden die negative Tatsache des Unterbleibens einer Handlung, wobei es nicht darauf ankommt, aus welchem Grunde die Handlung nicht vorgenommen wurde.

§ 34. Der Erwerb von Rechten.

I. Der Erwerb eines Rechtes ist:

1. abgeleitet (derivativ), wenn das Recht früher einem anderen Subjekt (dem Rechtsvorgänger, auctor) zustand und von diesem auf den Erwerber (den Rechtsnachfolger, successor) übergeht. Die Rechtsnachfolge (Sukzession) beruht oft auf einem Rechtsgeschäft zwischen dem Veräußerer und dem Erwerber, kann aber auch auf Grund anderer Tatsachen stattfinden, z. B. durch Zugriff des Gläubigers in der Zwangsvollstreckung, durch gesetzliches Erbrecht oder andere Vorgänge, die einen sog. gesetzlichen Übergang von Rechten bewirken. Aus dem Begriff des abgeleiteten Erwerbes scheint sich mit logischer Notwendigkeit der Satz zu ergeben: nemo plus juris transferre potest quam habet ipse; dieser Satz ist ungenau; denn es gibt eine Übertragung fremden Rechtes kraft Vertretungs- und

Verfügungsmacht, vgl. unten § 41 II, 2 und auch ohne solche Befugnis vermöge guten Glaubens des Erwerbers.

2. Der Rechtserwerb ist ursprünglich (originär), wenn das Recht des Erwerbers nicht auf dem Recht eines Vorgängers beruht, sondern bei ihm neu entsteht. So erwirbt z. B. der Gläubiger durch Abschluß des Schuldvertrags die Forderung in originärer Weise (während der Erwerb des Zessionars abgeleitet ist); so ist Okkupation einer herrenlosen Sache originärer Eigentumserwerb. Ein Rechtserwerb kann auch dann originär sein, wenn ein Recht desselben Inhalts bereits existiert, aber bei der Entstehung des neuen Rechtes untergeht. Man kann diesen Vorgang Rechtsverdrängung nennen, wenn das Recht des Erwerbers durch seine Entstehung den Untergang des früheren Rechtes herbeiführt; so entsteht z. B. durch Ersitzung neues Eigentum, dem der frühere Eigentümer weichen muß. Etwas anders verhält es sich bei der Ablösung von Rechten: wenn das frühere Recht untergeht und an dessen Stelle ein vom Bestand des früheren Rechts unabhängiges neues Recht entsteht; so erlischt z. B. durch Verlust des Inhaberpapiers die Forderung des bisherigen Gläubigers und an deren Stelle tritt für den neuen Inhaber eine Forderung, die mit der Forderung des früheren Inhabers nicht identisch ist.

II. Innerhalb der Rechtsnachfolge unterscheidet man:

1. Sondernachfolge (Singularsukzession): Übergang eines oder mehrerer einzelner Rechte in der für jedes dieser Rechte vorgeschriebenen Art und Weise; bei Mobilien durch Übergabe der Sache, bei Grundstücken durch Auflassung und Eintragung. Die durch Sondernachfolge übergehenden Rechte scheiden aus der Haftung für die Schulden des früheren Rechtssubjektes aus.

2. In bestimmten Fällen findet Gesamtnachfolge (Universalsukzession) statt: Übergang eines ganzen Vermögens mit allen seinen Bestandteilen (Aktiven und Passiven) oder eines Anteils an einem Vermögen, durch einen Rechtsakt (uno actu), ohne daß die für den Übergang der einzelnen Rechte vorgeschriebenen Erfordernisse vorzuliegen brauchen. Der wichtigste Fall ist die Erbfolge. Ferner findet Gesamtnachfolge statt: bei Veräußerung eines Erbteils, bei Begründung der ehelichen Gütergemeinschaft, bei Ausscheiden eines Gesellschafters, wodurch sein Anteil am Gesellschaftsvermögen den übrigen Gesellschaftern anwächst. Dagegen erfolgt Veräußerung des ganzen Vermögens unter Lebenden durch Sondernachfolge in die einzelnen Vermögensbestandteile, wobei aber der Erwerber für die Schulden des Veräußerers haftet, § 419.

III. Die Sondernachfolge ist:

1. in der Regel translativ: das Recht geht in demselben Bestande und mit demselben Namen auf den Erwerber über, den es beim Vorgänger hatte;

2. die Rechtsnachfolge ist konstitutiv, wenn aus dem Inhalt des Rechtes (des Mutterrechts) ein Recht geringeren Umfanges (das Tochterrecht) hergestellt wird und auf den Nachfolger übergeht. So entsteht durch konstitutive Abzweigung aus dem Eigentum: der Nießbrauch, die Grunddienstbarkeit, das Pfandrecht. Ebenso aus einer Forderung ein Nießbrauch oder ein Pfandrecht an derselben, vgl. oben § 8 I, 6. Die Abzweigung eines Tochterrechts ist eine Belastung des Mutterrechts: eine Minderung der in diesem Recht enthaltenen Befugnisse. Bei Wegfall des Tochterrechts ergänzt sich das Mutterrecht zu seinem normalen Umfang. Bei Vereinigung des Mutter- und des Tochterrechts erlosch letzteres nach gemeinem Recht (nemini res sua servit); im heutigen Grundbuchrecht bleibt das Tochterrecht als „Recht an eigener Sache" bestehen.

IV. Der Rechtserwerb ist entgeltlich (oneros), wenn er durch eine Gegenleistung des Erwerbers ausgeglichen wird; unentgeltlich (lukrativ), wenn keine Gegenleistung erfolgt: Schenkung, Eigentumserwerb des Finders, Erwerb ohne rechtlichen Grund. Der unentgeltliche Erwerb ist mit einer rechtlichen Schwäche behaftet, insbesondere gegenüber den Gläubigern und den Pflichtteilsberechtigten des Rechtsvorgängers, vgl. ferner §§ 816 I, 2; 822.

V. Der Erwerb erfolgt von Todes wegen (mortis causa), wenn er vom Tod des Rechtsvorgängers und dem Überleben des Nachfolgers abhängt. Der Erwerb von Todes wegen ist stets lukrativ und kann Gesamtnachfolge sein (Erbrecht) oder originärer Erwerb einer Forderung (Vermächtnis, Pflichtteil). Jeden Erwerb, der nicht vom Überleben des Erwerbers abhängt, bezeichnet man als Erwerb unter Lebenden (inter vivos), auch wenn der Erwerb erst mit dem Tod des Vorgängers eintritt; so ist z. B. ein Kaufvertrag trotz der Verabredung, daß der Käufer die Sache erst nach dem Tode des Verkäufers erhalten solle, als Geschäft unter Lebenden zu betrachten.

§ 35. Untergang und Änderung der Rechte.

I. Der Verlust eines Rechtes kann eintreten:

1. durch den Willen des Berechtigten, indem er entweder das Recht überträgt, Veräußerung (alienatio), oder es aufhebt. In der Regel genügt zur Aufhebung der einseitige Wille des Berechtigten (Verzicht); bei einigen Rechten ist ein Vertrag erforderlich; insbesondere erfolgt die Aufhebung der Forderung durch Vertrag zwischen Gläubiger und Schuldner (Erlaß).

2. Untergang des Rechtes kann ohne Willen des Berechtigten erfolgen: durch Ausübung eines aufhebenden Gestaltungsrechts (z. B. Kündigung, Anfechtung, vgl. oben § 8III, 12) oder durch sonstige Ereignisse: dingliche Rechte erlöschen durch Untergang, Verarbeitung, Vermischung der Sache soweit durch Ersitzung; Forderungen durch nachträgliche Unmöglichkeit der Leistung; Ansprüche werden durch Zeitablauf nicht aufgehoben, wohl aber abgeschwächt (Verjährung, vgl. unten § 68).

II. Ein Recht kann Änderungen erleiden, ohne seine Identität zu verlieren:

1. Änderungen des Subjekts: die meisten Rechte können durch den Willen des Berechtigten auf ein anderes Subjekt übergehen, vgl. oben § 9II; dagegen kann eine Verpflichtung nicht durch den Willen des Verpflichteten auf ein anderes Subjekt übertragen, sondern nur (unter Mitwirkung des Berechtigten) durch die Verpflichtung eines neuen Subjekts ersetzt werden. Nur bei Gesamtnachfolge gehen mit dem haftenden Vermögen auch die Verpflichtungen des Vorgängers auf den Nachfolger über.

2. Änderung des Inhaltes kann bei der Forderung vorkommen: Steigerung oder Abschwächung der Verbindlichkeit durch Verzug des Schuldners bzw. Gläubigers; auch kann eine Änderung des Leistungsgegenstandes vorkommen, ohne daß wir die Identität der Forderung als aufgehoben betrachten; so insbesondere, wenn an Stelle des ursprünglichen Leistungsgegenstandes Schadensersatz tritt.

§ 36. Schutz des guten Glaubens.

I. Soll ein Recht in abgeleiteter Weise erworben werden, so muß es in der Person des Rechtsvorgängers bestehen. Dieser Grundsatz galt im gemeinen Recht ausnahmslos und gilt heute für die Gesamtnachfolge sowie für die Sondernachfolge, wenn sie nicht auf Rechtsgeschäft beruht, sondern auf Grund gesetzlicher Bestimmung oder durch Zugriff des Gläubigers in der Zwangsvollstreckung erfolgt: der Gläubiger erwirbt kein Pfandrecht, wenn er eine nicht dem Schuldner gehörende Sache pfänden läßt. Dagegen schützt das Gesetz im Interesse der Verkehrssicherheit bei rechtsgeschäftlichem Erwerb den guten Glauben (bona fides) des Erwerbers an das Recht des Veräußerers. Dieser Grundsatz ist im Gesetz nicht allgemein ausgesprochen, sondern in einzelnen unter sich verschiedenen Fällen zur Geltung gebracht. Die wichtigsten Fälle sind:

1. beim Erwerb von Grundbuchrechten gilt das Grundbuch zugunsten des gutgläubigen Erwerbers als richtig: läßt sich jemand von dem, der als Eigentümer eingetragen ist, ein Recht übertragen oder bestellen, so erwirbt er das Recht, auch wenn der Eingetragene nicht Eigentümer ist;

2. im Mobiliarsachenrecht wird geschützt, wer vom Besitzer im Glauben an dessen Eigentum erwirbt;

3. wer durch einen Erbschein sich als Erbe darstellt, verfügt wirksam über alle Nachlaßrechte, wenn der Gegner in gutem Glauben ist;

4. dagegen wird beim Erwerb von Forderungen und von Rechten an immateriellen Gütern der Glaube des Erwerbers an das Recht des Veräußerers in der Regel nicht geschützt: der Zessionar hat nicht mehr Recht, als dem Zedenten zustand. Ebenso wird der Schuldner, wenn er statt an den Gläubiger an einen Unberechtigten leistet, in der Regel in seinem guten Glauben nicht geschützt (Ausnahmen: §§ 407, 851); er muß nochmals an den richtigen Gläubiger leisten.

II. Das Gesetz betrachtet jeden Erwerber als gutgläubig, bis ihm böser Glaube nachgewiesen wird. Beim Grundbuch und Erbschein wird der gute Glaube nur durch Kenntnis der Unrichtigkeit ausgeschlossen; im Mobiliarsachenrecht durch Kenntnis oder eine auf grober Fahrlässigkeit beruhende Unkenntnis davon, daß die Sache dem Veräußerer nicht gehört. In anderen Fällen wird böser Glaube schon durch eine auf leichter Fahrlässigkeit beruhende Unkenntnis begründet.

III. Der Schutz des guten Glaubens erfolgt auf Kosten der Rechtssicherheit: der gutgläubige Erwerb hat für den wahren Berechtigten Verlust seines Rechtes zur Folge; so verliert der Eigentümer sein Recht, wenn ein zu Unrecht Eingetragener bzw. wenn der Besitzer der Mobilie die Sache veräußert und die Veräußerung infolge des guten Glaubens des Erwerbers wirksam ist. Die Ausgleichung erfolgt durch eine Schadensersatz- oder Bereicherungsforderung, § 816, des früheren Eigentümers.

IV. Die juristische Konstruktion des gutgläubigen Erwerbs ist streitig. Manche bezeichnen ihn, wie die Ersitzung, als originären Erwerb. Zutreffender scheint mir die Annahme eines abgeleiteten Erwerbs: der Erwerber glaubt ein Recht vom Verfügenden zu erwerben; tatsächlich überträgt ihm aber der Veräußerer ein fremdes Recht, nicht vermöge einer ihm zustehenden Verfügungsbefugnis, sondern vermöge des beim Erwerber vorliegenden guten Glaubens, der die fehlende Verfügungsbefugnis des Veräußerers ersetzt.

Siebentes Kapitel.

Das Rechtsgeschäft.

§ 37. Rechtsgeschäft und Willenserklärung.

I. Das wesentliche Element im Tatbestand des Rechtsgeschäfts ist der Wille einer oder mehrerer Privatpersonen (Parteien). Das Rechtsgeschäft ist das Mittel, durch das der Mensch die ihm vom Gesetz verliehene Fähigkeit, seine Rechtsverhältnisse zu ordnen, ausübt. Das Gesetz sanktioniert das Rechtsgeschäft, indem es die von der Partei gewollte Rechtswirkung deswegen eintreten läßt, weil sie dem Willen der Partei entspricht. Nicht zu den Rechtsgeschäften gehören die in den Bestand der Privatrechtsverhältnisse eingreifenden Handlungen der Obrigkeit, z. B. die Eintragung in das Grundbuch oder die Genehmigung des Vormundschaftsgerichts. Auch der Antrag, durch den eine Privatperson die amtliche Tätigkeit zwecks Änderung des Rechtszustandes in Bewegung setzt, ist kein Rechtsgeschäft.

II. Zum Tatbestand eines Rechtsgeschäftes können außer dem Willen der Parteien noch weitere Tatsachen gehören:

1. die Willenserklärung einer am Rechtsgeschäft nicht unmittelbar beteiligten Person (Nebenpartei), vgl. unten § 43 II;

2. eine amtliche Handlung, z. B. Eintragung im Grundbuch oder Genehmigung der Stiftung;

3. ein realer Vorgang; so muß z. B. zur Einigung der Parteien hinzutreten: bei Eigentumsübertragung an Mobilien die Übergabe der Sache; bei der Zahlung: Eigentumsverschaffung am Geld; bei der Schenkung: eine Zuwendung;

4. zum Tatbestand der Rechtsgeschäfte von Todes wegen gehört der Tod des Erblassers;

5. bei bedingten und befristeten Geschäften muß nach Abgabe der Willenserklärungen ein Ereignis eintreten oder eine bestimmte Zeit ablaufen, vgl. unten § 44.

III. Der rechtsgeschäftliche Wille muß auf einen rechtlichen Erfolg gerichtet sein. Bisweilen wird die gewollte Rechtswirkung mit voller Deutlichkeit bezeichnet; so muß z. B. für Eintragungen im Grundbuch genau angegeben werden, ob eine Grundschuld oder eine Hypothek, eine Verkehrshypothek oder Sicherungshypothek eingetragen werden soll. In vielen Fällen wird aber die Partei, besonders wenn sie nicht rechtsgelehrt ist, keine deutliche Vorstellung davon haben, unter welche rechtliche Kategorie die von ihr erstrebte Rechtswirkung fällt, und wird sich damit begnügen, den gewollten Erfolg nach seiner wirtschaftlichen Seite zu bezeichnen. Immerhin ist zum Rechtsgeschäft erforderlich, daß die Partei ihren Zweck durch Mittel des Rechts erreichen will. Daher liegt kein Rechtsgeschäft vor, wenn die Parteien sich bei ihrer Verabredung auf einen anderen als den rechtlichen Boden stellen, z. B. sich nur durch Ehrenwort oder durch Eid binden wollen.

Der Parteiwille braucht nicht alle, sondern nur die den Typus des Rechtsgeschäfts bestimmenden Rechtsfolgen (essentialia negotii) zu umfassen. Jedes Rechtsgeschäft hat gesetzliche Nebenfolgen, d. h. Wirkungen, die nicht gewollt zu sein brauchen, sondern vom dispositiven Recht angeordnet sind oder sich aus dem Prinzip von Treu und Glauben, § 242, ergeben.

IV. Der Wille muß, um wirksam zu sein, geäußert, d. h. für andere Menschen erkennbar sein. Das Gesetz nennt jede Äußerung des Willens: Willenserklärung. Man hat aber zu unterscheiden:

1. Willenserklärung im engeren Sinn liegt vor, wenn der Wille in einer Handlung zum Ausdruck kommt, die zu dem Zweck vorgenommen wird, um einen Vorgang des Seelenlebens zur Kenntnis der Mitwelt zu bringen. Diese Absicht kann man Erklärungswillen nennen, im Gegensatz zu dem erklärten Willensinhalt (dem Geschäftswillen). Mittel der Erklärung sind in erster Linie gesprochene oder geschriebene Worte, aber auch andere verabredete oder gebräuchliche Zeichen und Handlungen. Schriftliche Erklärungen sind in der Urkunde verkörpert: sie können, solange die Urkunde besteht, jederzeit wahrgenommen werden, während die Kenntnisnahme einer mündlichen Erklärung nur in dem Augenblick erfolgen kann, in dem sie abgegeben wird. Die Erklärung ist unmittelbar, wenn dieselbe Handlung, in der sich der Wille des A äußert, zur Kenntnis der Wahrnehmung des B gelangen soll; das ist der Fall bei mündlicher und bei brieflicher Erklärung. Mittelbar ist die Erklärung, wenn nicht die Handlung des A, sondern ein anderer durch sie veranlaßter Vorgang zur Kenntnis des B gelangen soll, z. B. Erklärung durch Boten oder durch Telegramm.

2. Der Wille kann in Handlungen zutage treten, die nicht zu dem Zwecke vorgenommen werden, den Willen zur Kenntnis anderer Menschen zu bringen. Solche Handlungen nennt man schlüssig oder konkludent. So kann sich z. B der Wille, eine Kaufofferte anzunehmen, aus dem Verbrauch der zugesandten Ware ergeben, der Wille, eine Erbschaft anzunehmen, aus der Verfügung über Nachlaßgegenstände. Bisweilen ist aus dem Schweigen unter Umständen, die einen Widerspruch verlangen, auf die Zustimmung des Schweigenden zu schließen (qui

tacet consentire videtur). Eine in konkludenten Handlungen enthaltene Äußerung des Willens kann man Willensbetätigung nennen.

V. In einigen Fällen verlangt das Gesetz ausdrückliche Erklärung. Darunter ist eine Erklärung zu verstehen, deren Sinn sich aus grammatikalischer Auslegung des Wortlautes ohne Zuhilfenahme der Umstände vollständig ergibt. Alle nicht ausdrücklichen Erklärungen pflegt man stillschweigende zu nennen; dieser Sprachgebrauch ist nicht bezeichnend, da zu den „stillschweigenden“ Erklärungen auch solche gehören, die aus Worten durch Auslegung entnommen werden.

VI. In gewissen Fällen bestimmt das Gesetz, daß ein Verhalten als Willenserklärung von bestimmtem Inhalt „gelten“ soll; so z. B. die Versäumung der Ausschlagefrist als Annahme der Erbschaft, § 1943. Das ist eine Fiktion, vgl. oben § 5V, die nicht durch den Beweis entkräftet werden kann, daß der fingierte Wille in der Tat nicht vorlag. Insbesondere gilt, wenn jemand zur Angabe einer Willenserklärung verurteilt ist, mit der Rechtskraft des Urteils die Erklärung als abgegeben, ZPO. § 894.

§ 38. Arten der Rechtsgeschäfte.

I. Die Rechtsgeschäfte zerfallen in einseitige und mehrseitige, je nachdem der Wille einer Partei zur Herbeiführung des Erfolges genügt, oder mehrere einander gegenüberstehende Parteien mitzuwirken haben; so ist z. B. die Kündigung ein einseitiges, die Miete ein mehrseitiges Geschäft. Jede Partei kann aus mehreren Personen bestehen: die Kündigung bleibt z. B. ein einseitiges Geschäft, auch wenn sie von mehreren im selben Mietsverhältnis stehenden Mietern ausgeht. Ebenso kommen für die Ein- oder Mehrseitigkeit des Geschäftes nicht in Betracht ergänzende Erklärungen von Nebenpersonen: die Kündigung ist einseitiges Geschäft, auch wenn zur Erklärung des Mieters die Einwilligung seines gesetzlichen Vertreters hinzutreten muß.

II. Die Wirksamkeit der einseitigen Geschäfte beruht auf gesetzlicher Bestimmung oder auf einem zwischen den Parteien bestehenden Rechtsverhältnis. Es gibt einseitige Geschäfte, die nur oder in erster Linie den Rechtskreis des Handelnden betreffen (Testament, Ausschlagung und Annahme der Erbschaft, Stiftung, Bestellung einer Eigentümergrundschuld), und einseitige Geschäfte, die, auf einem Gestaltungsrecht beruhend, eine Einwirkung auf fremden Rechtskreis ausüben, z. B. Kündigung, Anfechtung, Widerruf usw.

III. Unter den mehrseitigen Rechtsgeschäften steht im Vordergrund der Vertrag. Er besteht aus den Willenserklärungen zweier oder mehrerer Parteien. Die Erklärungen müssen inhaltlich übereinstimmen (Konsens). Nach dem Gegenstand kann man unterscheiden: Verträge des Sachenrechts, des dinglichen Obligationenrechts, des Familienrechts, des Erbrechts und des Rechts an immateriellen Gütern. Der Wirkung nach kann ein Vertrag sein: rechtsbegründend, rechtsaufhebend und rechtsändernd, insbesondere übertragend. In der Regel werden vom Vertrag die Rechtsverhältnisse zwischen den Parteien betroffen; es gibt aber Verträge zugunsten Dritter, § 328, nicht dagegen Verträge zu Lasten Dritter.

Neben dem Vertrag gibt es noch eine andere Art mehrseitiger Rechtsgeschäfte: die Beschlüsse, die in gemeinsamen Angelegenheiten von mehreren Personen (Mitgliedern eines Vereins, einer Gesellschaft, einer Rechtsgemeinschaft) gefaßt werden. Der Beschluß unterscheidet sich vom Vertrag dadurch, daß er in der Regel nicht Übereinstimmung aller Beteiligten verlangt, sondern durch Stimmenmehrheit zustande kommt.

§ 39. Empfangsbedürftige Willenserklärungen.

I. Das Gesetz unterscheidet Willenserklärungen, die „einem anderen gegenüber abzugeben sind“ (sog. empfangsbedürftige Erklärungen) und Erklärungen, die an keinen bestimmten Adressaten zu richten sind: nichtempfangsbedürftige Erklärungen, z. B. Testament, Auslobung, Erklärung des Stifters.

Der Adressat einer empfangsbedürftigen Erklärung ist meist die am Rechtsgeschäft beteiligte Privatperson; bisweilen eine Behörde (z. B. das Grundbuchamt, das Nachlaßgericht); in einigen Fällen kann die Erklärung an den Beteiligten oder an eine Behörde gerichtet werden.

II. Für empfangsbedürftige Erklärungen gelten folgende Rechtssätze:

1. Die Erklärung ist abgegeben, wenn der Erklärende alles getan hat, was seinerseits nötig ist, um die Erklärung zur Kenntnis des Adressaten zu bringen. Bei schriftlicher Erklärung ist das Abfassen und Unterschreiben des Briefes Vorbereitung der Erklärung; die Abgabe der Erklärung liegt erst in der Übergabe oder Absendung des Briefes. In diesem Moment muß der Erklärende die für das Rechtsgeschäft erforderliche Geschäftsfähigkeit haben; nach diesem Moment ist Tod des Erklärenden oder Wegfall seiner Geschäftsfähigkeit ohne Einfluß auf die Wirksamkeit der Erklärung.

2. Zwischen der Abgabe der Erklärung und der Kenntnisnahme durch den Adressaten liegt im Verkehr unter Abwesenden ein längerer oder kürzerer Zeitraum und die Möglichkeit, daß die Erklärung nicht zur Kenntnis des Adressaten kommt. Im gemeinen Recht war streitig, ob zur Wirksamkeit der Erklärung die Absendung genügt (Äußerungstheorie) oder die Kenntnisnahme erforderlich ist (Vernehmungstheorie). Das BGB. wählt einen Mittelweg und verlangt Zugehen der Erklärung an den Adressaten: Brief oder Telegramm müssen in die Lage kommen, daß bei normalen Umständen die Kenntnisnahme nur noch vom Adressaten, seinen Vorkehrungen und Einrichtungen, abhängt.

3. Bei mündlichen Erklärungen, unter Anwesenden und durch Telefon, wird die Abgabe der Erklärung meist mit der Kenntnisnahme zusammenfallen. Aber es kann vorkommen, daß der Angeredete die an ihn gerichtete Erklärung nicht versteht (Taubheit, Unkenntnis der Sprache, Zerstreutheit). Nach Analogie des Zugehens im Verkehr unter Abwesenden ist anzunehmen, daß die Erklärung, wenn sie unter normalen Umständen verstanden werden konnte, wirksam ist, es sei denn, daß der Erklärende den Mangel des Verständnisses bemerkt hat.

4. Jede Privaterklärung kann in den Formen des Zivilprozesses zugestellt werden. Auf diesem Wege können Erklärungen vorgenommen werden, wenn der Aufenthalt oder die Person des Erklärungsgegners dem Erklärenden unbekannt ist.

5. Die Erklärung kann widerrufen werden, wenn der Widerruf spätestens gleichzeitig mit der Erklärung dem Gegner zugeht.

§ 40. Der Vertragsschluß.

I. Der Vertrag besteht aus dem Austausch der Erklärungen beider Parteien. Die Erklärung, die zuerst ergeht, ist der Antrag (Offerte); die zusagende Antwort ist die Annahme (Akzeption).

II. Eine Erklärung ist nur dann Offerte, wenn sie den wesentlichen Inhalt des zu schließenden Vertrages enthält, so daß der Vertrag durch Zustimmung des Gegners zustandekommen kann. Unverbindliche Mitteilungen, in denen sich jemand zum Abschluß von Verträgen bereit erklärt (Zeitungsannoncen, Zusendung von Preislisten und Katalogen) sind keine Offerten, sondern Aufforderungen zum Stellen von Offerten.

Die Offerte ist (nachdem sie dem Gegner zugegangen ist) für den Offerenten bindend, außer wenn er die Verbindlichkeit ausgeschlossen hat: ein Widerruf des Offerenten hindert den Gegner nicht, den Vertrag durch Annahme zu perfizieren. Eine unter Anwesenden gestellte Offerte kann nur sofort angenommen werden. Im Verkehr unter Abwesenden dauert die Bindungsfrist, wenn sie nicht vom Offerenten bestimmt ist, bis zu dem Zeitpunkt, in dem der Eingang einer Antwort unter regelmäßigen Umständen erwartet werden darf.

III. Die Annahme ist in der Regel eine an den Offerenten zu richtende empfangsbedürftige Erklärung. Sie muß innerhalb der Bindungsfrist dem Offerenten zugehen. Ausnahmsweise genügt rechtzeitige Absendung der Annahme, wenn der Offerent die rechtzeitige Absendung der verspätet eintreffenden Annahme erkennen kann und die Verspätung nicht unverzüglich anzeigt. Eine verspätete Annahme gilt als neue Offerte.

Wird ein Vertrag in gerichtlicher oder notarieller Form geschlossen, ohne daß beide Parteien gleichzeitig anwesend sind, so kommt der Vertrag mit der Beurkundung der Annahme zustande, ohne daß diese Erklärung dem Offerenten zuzugehen braucht.

Die Annahme kann ohne Erklärung an den Offerenten durch Willensbetätigung, vgl. oben § 37 IV 2, erfolgen, wenn der Offerent auf eine Erklärung verzichtet oder eine Erklärung nach der Verkehrssitte nicht zu erwarten ist. So kann z. B. eine Kaufofferte durch Verbrauch der zugesandten Ware angenommen werden: die Offerte zu einem Auftrag durch sofortige Ausführung des aufgetragenen Geschäftes.

IV. Die Offerte kann nur von der Person angenommen werden, an die sie gerichtet ist. Das Recht aus der Offerte, vgl. oben § 8 III, 1a, ist unübertragbar. Ist der Adressat der Offerte gestorben, so kann der Erbe die Offerte annehmen, wenn es dem Offerenten nicht gerade darauf ankam, den Erblasser zum Mitkontrahenten zu haben. Ebenso kann, wenn der Offerent vor der Annahme geschäftsunfähig wird oder stirbt, der Vertrag mit ihm bzw. seinem Erben zustandekommen, außer wenn der Offerent bei Voraussicht dieser Ereignisse den Vertrag nicht gewollt hätte; das ist anzunehmen, wenn der Vertrag persönlichen Bedürfnissen des Offerenten dient, die mit seinem Tod oder seiner Geschäftsunfähigkeit wegfallen.

V. Der Vertrag verlangt Einigung (Konsens) der Parteien, d. h. Übereinstimmung beider Willenserklärungen. Fehlt es an dieser Übereinstimmung, liegt sog. Dissens vor, so ist der Vertrag nicht geschlossen. Eine Annahme unter Änderung der Offerte gilt als Ablehnung verbunden mit einer neuen Offerte. Die Einigung muß sich auf alle Punkte beziehen, über die nach der Erklärung auch nur einer Partei eine Vereinbarung getroffen werden soll. Ist der Dissens unbemerkt (latent) geblieben, indem die Parteien irrtünlicherweise an eine volle Übereinstimmung ihrer Erklärungen glaubten, so gilt der Vertrag als geschlossen, wenn der Dissens sich auf einen für den Entschluß der Parteien nicht ausschlaggebenden Punkt bezieht.

VI. Besondere Vorschriften gelten für den Fall, das ein Vertrag im Wege der Versteigerung geschlossen wird.

§ 41. Die Verfügungen.

I. Eine wichtige Gruppe von Rechtsgeschäften hat das Gesetz unter dem Namen Verfügung zusammengefaßt. Verfügung ist ein Rechtsgeschäft, durch das ein Recht oder Rechtsverhältnis unmittelbar betroffen, aufgehoben, verändert oder übertragen wird. Nicht Verfügung sind die Erwerbsgeschäfte (eine Rechtsübertragung ist nur für den Veräußerer Verfügung, nicht für den Erwerber) und die Verpflichtungsgeschäfte; die Eingehung einer Verpflichtung kann aber Vorstufe zu einer Verfügung sein, wenn die Erfüllung der Verpflichtung durch eine Verfügung (z. B. durch Rechtsübertragung) zu erfolgen hat. Gegenstand der Verfügung kann jegliches Recht sein: dingliche Rechte, Forderungen (der Gläubiger verfügt über die Forderung, indem er sie einzieht oder abtritt), Familien- und Erbrechte (z. B. Verzicht auf die elterliche Nutznießung oder auf einen Erbteil), Rechte an immateriellen Gütern, Gestaltungsrechte (z. B. Verzicht auf ein Kündigungsrecht). Die Verfügung erfolgt je nach der Beschaffenheit des betroffenen Rechtes durch

Vertrag oder durch einseitiges Rechtsgeschäft (Verzicht oder Ausübung eines aufhebenden Gestaltungsrechts).

Im Erbrecht wird das Wort Verfügung in einem weiteren Sinn gebraucht und bezeichnet jede Anordnung des Erblassers, z. B. auch die Anordnung von Vermächtnissen.

II. Voraussetzung einer wirksamen Verfügung ist außer den persönlichen Eigenschaften, die die Geschäftsfähigkeit ausmachen, die Verfügungsmacht, d. h. eine rechtliche Beziehung des Verfügenden zu dem von der Verfügung betroffenen Recht. Normalerweise steht die Verfügungsmacht dem Subjekt des Rechtes und nur ihm zu.

1. Aus besonderen Gründen kann die Verfügungsmacht dem Subjekt des Rechtes entzogen sein (Gemeinschuldner, Erbe bei Testamentsvollstreckung oder Nachlaßverwaltung), oder durch das Erfordernis der Zustimmung eines Dritten beschränkt sein (Ehefrau in bezug auf das eingebrachte Gut). Durch Rechtsgeschäft kann eine Entziehung oder Beschränkung der Verfügungsmacht nicht hergestellt werden, § 137.

2. Aus verschiedenen Gründen kann es Verfügungsmacht über fremdes Recht geben. Von Verfügungsmacht spricht man im Gegensatz zu Vertretungsmacht, vgl. unten § 63, dann, wenn jemand über fremdes Recht im eigenen Namen zu verfügen befugt ist. Verfügung über fremdes Recht im eigenen Namen ist in der Regel nur bei Mobilien möglich, weil bei Grundbuchrechten und Forderungen die Person des Berechtigten zur Kennzeichnung des Rechtes wesentlich ist. Verfügungsmacht über fremdes Recht beruht auf Gesetz (z. B. § 1376) oder auf Einwilligung des Berechtigten. Eine mangels Verfügungsmacht unwirksame Verfügung über fremdes Recht wird wirksam durch Genehmigung des Berechtigten sowie dadurch, daß der Verfügende das Recht, über das er verfügt hat, nachträglich erwirbt oder vom Subjekt des Rechtes mit unbeschränkter Haftung beerbt wird (Konvaleszenz, § 185).

III. Wie die Verfügung über fremdes Recht, so wird auch Verfügung über noch nicht existierendes Recht wirksam, sobald das Recht in der Person des Verfügenden zur Entstehung kommt.

§ 42. Die Zuwendungen.

I. Zuwendung ist eine Handlung, durch die jemand einem anderen einen Vermögensvorteil verschafft. Mittel der Zuwendung kann sein:

1. ein Verfügungsgeschäft, durch das ein Recht translativ oder konstitutiv übertragen oder zum Vorteil des anderen aufgehoben wird; Erlaß ist Zuwendung an den Schuldner, Verzicht auf ein Recht an fremder Sache Zuwendung an den Eigentümer;

2. ein Verpflichtungsgeschäft, durch das sich jemand zum Schuldner des anderen macht;

3. eine Tathandlung, vgl. oben § 33 III, 1c: Leistung von Diensten oder sachliche Verwendung in das Vermögen des anderen.

Mittelbare Zuwendung liegt vor, wenn der Zuwendende das Vermögen des X durch Rechtsgeschäfte mit einem Dritten vergrößert; durch Vertrag zugunsten des X oder dadurch, daß er eine Schuld des X zahlt oder durch Vertrag mit dem Gläubiger übernimmt.

II. Jede Zuwendung hat einen rechtlichen Grund, causa, der durch Verabredung der Parteien festgestellt wird. Die wichtigsten causae sind:

1. Erfüllung einer Verbindlichkeit: causa solvendi.

2. Erwerb eines Äquivalentes, das in einer Forderung auf Rückgabe des Geleisteten bestehen kann (causa credendi), oder in einer Forderung auf Gegen-

leistung: so hat z. B. die Verpflichtung des Verkäufers ihre causa in der Forderung auf den Kaufpreis.

3. Bereicherung des Gegners ohne Gegenleistung, causa donandi.

Die Verabredung der causa kann vor oder nach der Zuwendung stattfinden, oder gleichzeitig mit ihr.

Vom rechtlichen Grund, der causa, ist zu unterscheiden das hinter der causa liegende tatsächliche Motiv der Zuwendung: der Grund, weshalb jemand seine Schuld zahlen, das Darlehen geben, die Schenkung machen will. Diese Motive sind, wenn sie nicht zur Bedingung erhoben sind, rechtlich irrelevant.

III. Die causa einer Zuwendung kann fehlen, wenn eine Verabredung über die causa nicht zustande kommt, oder wenn die verabredete causa infolge eines Hindernisses sich nicht verwirklicht; so scheitert z. B. die causa solvendi am Nichtbestehen der zu zahlenden Schuld, die causa credendi an der beschränkten Geschäftsfähigkeit des Empfängers des Geldes. Zuwendungen, deren Gültigkeit vom Vorliegen der causa abhängt, nennt man kausal. Diese Eigenschaft hat in der Regel das Verpflichtungsgeschäft: so ist z. B. das Versprechen des Kaufpreises nichtig, wenn die Gegenleistung (die Verpflichtung des Verkäufers) nicht zustande kommt.

Dagegen sind alle Verfügungen abstrakt, d.h. wirksam, auch wenn sie der causa ermangeln. So insbesondere die Eigentumsübertragung, aber auch die Abtretung und der Erlaß einer Forderung. Die Verfügung kann aber von den Parteien in Abhängigkeit von der causa gebracht werden, indem sie das Vorliegen der causa zur Bedingung ihrer Verfügung machen. Nur die Übertragung des Grundeigentums ist notwendig abstrakt, weil die Auflassung keine Bedingung verträgt, vgl. unten § 44 I. Erfolgt eine Verfügung ohne rechtlichen Grund, so entsteht daraus, infolge der Gültigkeit der Verfügung, eine ungerechtfertigte Vermögensverschiebung, die durch einen gleichzeitig entstehenden Anspruch auf Herausgabe der Bereicherung, §§ 812ff., ausgeglichen wird. Dieser Anspruch (die condictio des gemeinen Rechts) ist obligatorischer Natur und richtet sich grundsätzlich gegen den ersten Empfänger der Zuwendung, nur ausnahmsweise gegen dessen Nachfolger, § 822. Die aus dem römischen Recht stammende abstrakte Beschaffenheit der Verfügung dient der Erleichterung des Rechtsverkehrs: der Erwerber hat nur zu prüfen, ob das Recht dem Veräußerer zusteht, und braucht sich nicht darum zu kümmern, ob die causa, aus der der Veräußerer erworben hat, in Ordnung ist. Ebenso hat der Schuldner einer abgetretenen Forderung, bevor er an den Zessionar zahlt, nur das Zustandekommen der Zession, nicht auch deren Rechtsgrund zu prüfen. Fehler des Rechtsgrundes kommen zwischen den Personen zur Erledigung, in deren Verhältnis zueinander der Rechtsgrund vorliegen sollte.

Auch ein Schuldversprechen kann abstrakt sein, § 780, wenn eine Leistung schriftlich in der Weise versprochen wird, daß das Versprechen die Verpflichtung selbständig begründen soll, was in der Regel anzunehmen ist, wenn der Schuldschein den Rechtsgrund nicht nennt (sog. cautio indiscreta des gemeinen Rechts). Notwendig abstrakt ist der Wechsel. Der Rechtsgrund eines abstrakten Versprechens kann, wie bei jeder Zuwendung, verschieden sein: causa solvendi, credendi, donandi. Am häufigsten wird ein abstraktes Versprechen einem Gläubiger zur Befriedigung einer schon bestehenden Verbindlichkeit gegeben, und zwar gewöhnlich nicht in dem Sinne, daß die Verbindlichkeit durch die Hingabe des abstrakten Schuldscheins getilgt sein soll, sondern so, daß der Gläubiger für die ihm gebührende Leistung neben dem Anspruch aus dem früheren Schuldverhältnis einen neuen Anspruch aus dem abstrakten Schuldschein erhält (vgl. oben § 12 II, 2). Ist das abstrakte Versprechen ohne Rechtsgrund erteilt (z. B. zur Tilgung einer in Wirklichkeit nicht bestehenden Schuld), so hat der Empfänger des abstrakten Versprechens trotzdem eine Forderung erworben und ist gerade durch diesen Erwerb ungerechtfertigt bereichert. Daher entsteht gegen ihn ein Anspruch auf Herausgabe der Bereicherung, d. h.

auf Rückgabe des Schuldscheins, zugleich aber auch eine Einrede gegen die Forderung aus dem Schuldschein (vgl. § 821). Diese Einrede steht nach § 406 auch dem Zessionar entgegen, an den die abstrakte Forderung abgetreten wird. Anders verhält es sich, wenn die abstrakte Forderung in einem Order- oder Inhaberpapier verkörpert ist, vgl. oben § 28 V. Denn bei diesen Papieren können dem Gläubiger Einreden aus der Person des Vorgängers nicht entgegengehalten werden, WechselO., Art. 82; BGB. § 796. Solche Papiere sind daher in höherem Maß, als der gewöhnliche Schuldschein, von ihrem Schuldschein losgelöst und zum Umlauf im Wirtschaftsverkehr besonders geeignet.

§ 43. Sicherungsgeschäfte.

I. Eine durch ihren Zweck charakterisierte Gruppe von Rechtsgeschäften sind die Sicherungsgeschäfte, durch die die Erfüllung einer Forderung gegen die Gefahr der Insolvenz des Schuldners gesichert wird. Dieser Zweck kann erreicht werden durch dingliche Geschäfte (Pfandbestellung) des Schuldners oder eines Dritten (Realsicherheit), oder dadurch, daß neben dem Schuldner ein anderer, der Bürge, für die Erfüllung der Forderung einzustehen sich verpflichtet (Personalsicherheit). Das Sicherungsrecht ist akzessorisch, vgl. oben § 9 III, und bildet für den Gläubiger zusammen mit der gesicherten Forderung e i n e n Vermögensposten.

II. Der Gläubiger hat ein Recht auf Sicherung nur wenn es ihm zugesagt ist oder wenn das Gesetz es ihm aus besonderen Gründen zuspricht (z. B. §§ 1039, 1051, 1391). Bisweilen ist die Ausübung eines Rechtes mit der Verpflichtung verbunden, Sicherheit für den Ersatz des aus der Ausübung entstehenden Schadens zu stellen (§§ 258, 867). In anderen Fällen kann die Ausübung eines Rechtes durch Angebot einer Sicherheitsleistung abgewendet werden, §§ 273, 562.

III. In §§ 232 ff. gibt das Gesetz Vorschriften darüber, in welcher Weise Sicherheit zu leisten ist. In erster Linie ist Realsicherheit, nur wenn dies nicht möglich ist, Personalsicherheit zu leisten.

§ 44. Fiduziarische Geschäfte.

Nach dem Vorbild der römischen fiducia spricht man von fiduziarischen Geschäften, wenn jemand einem anderen ein Recht (gewöhnlich Eigentum oder Forderung) zuwendet, ohne daß eine den definitiven Erwerb dieses Rechts rechtfertigende causa vorliegt, und der Erwerber demgemäß sich verpflichtet, das Recht unter gewissen Umständen an den Zuwendenden zurückzuübertragen. Durch diesen Vorgang erhält der Erwerber (Fiduziar) gegenüber dem Zuwendenden (Fiduzianten) eine Vertrauensstellung. Er hat vermöge des ihm eingeräumten Rechtes eine über den rechtlichen und wirtschaftlichen Zweck des Geschäftes hinausgehende Rechtsstellung: er kann als Inhaber des Rechts über dasselbe verfügen, ist aber dem Fiduzianten gegenüber verpflichtet, seine Rechtsmacht in bestimmter Weise auszuüben.

Fiduziarische Zuwendungen erfolgen zu verschiedenen Zwecken:

1. um einem Gläubiger des Zuwendenden ein Haftungsobjekt zu entziehen. Solche Geschäfte unterliegen der Gläubigeranfechtung, vgl. unten § 49 I;

2. zur Erleichterung der Ausübung oder Veräußerung eines Rechts durch einen anderen. Wenn A seine Forderung durch B einziehen lassen will, so kann er, statt dem B Vollmacht zu erteilen, die Forderung an B abtreten, Inkassozession;

3. zu Sicherungszwecken: statt seinem Gläubiger ein Pfandrecht zu bestellen, kann der Schuldner ihm eine Sache zu Eigentum übertragen gegen das Versprechen der Rückgabe, wenn die Schuld getilgt wird: Sicherungsübereignung. Das war der römische Fall der fiducia.

Der Fiduziar erwirbt das volle Recht: Eigentum oder Forderung, und kann wirksam darüber verfügen, auch wenn er gegen seine Verpflichtung verstößt. Der Fiduziant ist auf seinen obligatorischen Anspruch angewiesen, insbesondere im Konkurse des Fiduziars. Das dem Fiduzianten vielfach zugesprochene Aussonderungsrecht scheint mir unbegründet zu sein.

§ 45. Ergänzende Rechtsgeschäfte.

I. Es gibt Willenserklärungen, die zu einem Rechtsgeschäft hinzutreten müssen, um dem Rechtsgeschäft zu seiner vollen Wirkung zu verhelfen; so z. B. die Wahlerklärung bei der alternativen Obligation, § 263, die nachträgliche Bestimmung der Leistung, §§ 315ff., die Bestätigung eines anfechtbaren Geschäftes und besonders die in zahlreichen Fällen erforderliche Zustimmung eines Dritten. Solche Willenserklärungen können als Tatbestandstück des Rechtsgeschäftes, zu dem sie hinzutreten, betrachtet werden, aber auch, wenn man die ihnen eigene Rechtswirkung ins Auge faßt, als besondere (ergänzende) Rechtsgeschäfte.

II. Der Zustimmung eines Dritten bedürfen: gewisse Rechtsgeschäfte des beschränkt Geschäftsfähigen, die Verfügungen der Ehefrau über eingebrachtes Gut, Verfügungen über fremde Rechte nach § 185, gewisse Verfügungen des Vorerben usw. (eine besondere Art der Zustimmung ist die Bevollmächtigung, vgl. unten § 65 II). Die Zustimmung heißt Einwilligung, wenn sie vor oder bei der Vornahme des Rechtsgeschäfts erteilt wird, Genehmigung, wenn sie nachträglich erfolgt. Sie ist einseitige empfangsbedürftige Erklärung und kann an die Person, die der Zustimmung bedarf, oder an deren Gegner gerichtet werden. Sie ist formlos und in der Regel bis zur Vornahme des zustimmungsbedürftigen Geschäftes widerruflich.

III. Die Genehmigung wirkt auf den Zeitpunkt der Vornahme des Rechtsgeschäftes zurück. Unberührt von der Rückwirkung bleiben Verfügungen des Genehmigenden über den Gegenstand des Rechtsgeschäftes. Hat z. B. ein Minderjähriger am 1. Januar eine Forderung veräußert und wird diese Veräußerung von seinem Vormund am 20. Januar genehmigt, so bleibt eine Veräußerung derselben Forderung, die der Vormund selbst am 10. Januar vorgenommen hat, wirksam. Daher kann die vom Vormund genehmigte Veräußerung des Minderjährigen nicht in Kraft treten. Unberührt von der Rückwirkung der Genehmigung bleiben ferner Vollstreckungsmaßregeln, die den Gegenstand des genehmigten Geschäftes betreffen. Wurde z. B. eine Forderung des A von B veräußert und nachher von einem Gläubiger des A gepfändet, so kann A durch Genehmigung der Veräußerung des B das durch die Pfändung begründete Pfandrecht nicht entkräften.

§ 46. Die Bedingung.

I. Die Wirkung eines Rechtsgeschäftes kann davon abhängig gemacht werden, daß ein zukünftiges (nach menschlichem Wissen) ungewisses Ereignis eintritt. Eine solche Beschränkung des Rechtsgeschäftes nennt man Bedingung (condicio); ebenso das Ereignis, von dessen Eintritt die Rechtswirkung abhängen soll. Bedingungen können ausdrücklich oder stillschweigend erklärt werden; ein Beispiel stillschweigend erklärter Bedingung in § 2107. Die Bedingung gewährt die Möglichkeit, künftige Verhältnisse zu berücksichtigen und ist daher besonders wichtig im Testamentsrecht. Auch kann man vermittelst der Bedingung das Verhalten eines Menschen beeinflussen, ohne ihm eine Pflicht aufzuerlegen (bedingte Belohnung, selbständige Vertragsstrafe, § 343 II).

Keine Bedingung im technischen Sinn des Worts liegt vor, wenn die Rechtswirkung von einem Umstand abhängig gemacht wird, der eintreten muß oder nicht eintreten kann oder von einem Umstand, der in Vergangenheit oder Gegenwart liegt; in solchen Fällen kann nur subjektive Ungewißheit über den Eintritt der Rechtswirkung bestehen. Ebensowenig liegt Bedingung vor, wenn die Parteien die Rechtswirkung von einem Umstand abhängig machen, der schon zum gesetzlichen Tatbestand des Rechtsgeschäfts gehört (sog. condicio juris); so sind z. B. Erbeseinsetzung unter der Bedingung, daß der Erblasser vor dem Eingesetzten stirbt oder Aufrechnung unter der Bedingung, daß die Forderung des Gegners besteht, keine bedingten Geschäfte.

Gewisse Rechtsgeschäfte dulden keine Bedingung: der Entschluß muß definitiv sein, um wirken zu können. Bei den meisten Geschäften des Familienrechts (Eheschließung, Adoption, Anerkennung der Ehelichkeit) und einigen Geschäften des Vermögensrechts (Auflassung, Aufrechnung, Annahme und Ausschlagung der Erbschaft) verbietet das Gesetz die Hinzufügung einer Bedingung. Ferner ergibt sich Unzulässigkeit der Bedingung bei einseitigen Rechtsgeschäften, die in den Rechtskreis eines anderen eingreifen, aus dem Zweck des Geschäftes und dem berechtigten Interesse des anderen; so kann Kündigung, Anfechtung, Rücktritt, Widerruf der Schenkung nicht unter Bedingung erfolgen, sofern dadurch für den Gegner eine Unsicherheit der Rechtslage herbeigeführt wird.

II. Das Gesetz unterscheidet:

1. aufschiebende (suspensive) Bedingung: die Wirkung soll erst eintreten, wenn die Bedingung erfüllt ist;

2. auflösende (resolutive) Bedingung: die Wirkung soll wegfallen, wenn die Bedingung eintritt.

Welche Art der Bedingung gewollt ist, ergibt sich aus der Auslegung des Geschäftes. Bei Eigentumsvorbehalt soll im Zweifel aufschiebende Bedingung gemeint sein, § 455.

Die Bedingung ist kasuell, wenn sie in einem vom Willen der Beteiligten nicht abhängenden Ereignis besteht; potestativ, wenn sie eine Handlung eines der Beteiligten ist. Die Handlung kann insbesondere eine Willenserklärung sein (cond. si voluero, Wollensbedingung).

III. Vor Entscheidung der Bedingung besteht ein Schwebezustand:

1. bei aufschiebender Bedingung ist die beabsichtigte Rechtswirkung noch nicht eingetreten; das Eigentum nicht übergegangen, die Forderung nicht entstanden (leistet der Schuldner bei schwebender Bedingung, so hat er eine Nichtschuld gezahlt und kann das Geleistete zurückverlangen). Aber schon während des Schwebezustandes hat das Rechtsgeschäft gewisse Wirkungen, die man Vorwirkungen nennen kann: es ist bindend, d. h. seine Wirksamkeit hängt nicht mehr vom Willen der Parteien ab, sondern nur noch vom Eintritt der Bedingung. Für den, der aus dem bedingten Geschäft einen Erwerb machen soll, besteht bereits eine, übertragbare und vererbliche, Anwartschaft, vgl. oben § 8II,1. Vereitelung oder Beeinträchtigung dieser Anwartschaft durch den Gegner verpflichtet bei Eintritt der Bedingung zu Schadensersatz. Bedingte Verfügungen können durch spätere Verfügungen oder Vollstreckungsmaßregeln nicht beeinträchtigt werden, außer soweit der gute Glaube des Erwerbers geschützt wird;

2. bei auflösender Bedingung ist die Wirkung des Geschäftes vorläufig eingetreten (das Eigentum übergegangen, die Forderung begründet), kann aber durch Eintritt der Bedingung wegfallen. Daher besteht für die Partei, der der Wegfall der Rechtswirkungen zugute kommt, eine Anwartschaft, die ebenso beschaffen und geschützt ist, wie die Anwartschaft des Erwerbers bei der aufschiebenden Bedingung. Verfügungen über ein unter auflösender Bedingung begründetes Recht werden bei Eintritt der Bedingung wirkungslos, soweit nicht der gute Glaube des Erwerbers geschützt ist (resoluto jure concedentis resolvitur jus concessum).

III. Der Schwebezustand endigt mit Entscheidung der Bedingung. Ob die Bedingung erfüllt ist, ergibt sich aus der Auslegung des Rechtsgeschäftes; eine Auslegungsregel für letztwillige Zuwendungen enthält § 2076. Die Bedingung ist ausgefallen, wenn sie in der durch das Rechtsgeschäft festgesetzten oder nach Treu und Glauben zu bestimmenden Zeit nicht eingetreten ist, oder wenn feststeht, daß sie nicht eintreten kann. Eine Bedingung gilt als eingetreten, wenn ihr Eintritt vom Gegner wider Treu und Glauben verhindert ist; sie gilt als ausgefallen, wenn ihr Eintritt wider Treu und Glauben herbeigeführt ist.

Durch Erfüllung der aufschiebenden Bedingung erlangt das Geschäft ipso jure (ohne daß es auf den Willen oder das Wissen der Parteien ankommt) seine volle Wirkung, und zwar in dem Moment, in dem die Bedingung eintritt: Rückwirkung der Bedingung kann nur in der Art verabredet werden, daß die Parteien sich verpflichten, einander zu gewähren, was sie haben würden, wenn die Wirkungen bereits mit Abschluß des Geschäfts eingetreten waren. Bei Erfüllung der auflösenden Bedingung endigen die Wirkungen des Geschäfts (das bedingt übertragene Eigentum fällt an den Veräußerer zurück, die resolutiv bedingte Forderung erlischt); es kann, wie bei der aufschiebenden Bedingung, verabredet werden, daß die Parteien verpflichtet sein sollen, den Zustand, wie er bei Abschluß des Geschäftes bestand, wiederherzustellen.

§ 47. Die Befristung.

Die Wirkung eines Rechtsgeschäftes kann in der Weise beschränkt sein, daß sie erst mit dem Eintritt eines künftigen gewissen Ereignisses (Anfangstermin) beginnen oder bei Eintritt dieses Ereignisses aufhören soll (Endtermin). Solche Rechtsgeschäfte nennt man befristet. Der Termin unterscheidet sich von der Bedingung dadurch, daß sein Eintritt bestimmt ist (dies certus an); der Zeitpunkt des Eintritts kann bestimmt sein (dies certus quando, z. B. ein Kalendertag), oder unbestimmt (dies incertus quando, z. B. der Todestag eines Lebenden); ein dies incertus an certus quando (z. B. die Volljährigkeit eines lebenden Menschen) ist Bedingung.

Für befristete Geschäfte ist im Gesetz entsprechende Anwendung des Rechts der Bedingung vorgeschrieben. Daraus ergibt sich, daß bei Verfügungen unter Anfangstermin zunächst eine Anwartschaft des Erwerbers entsteht, aus der bei Eintritt des Termines das Vollrecht erwächst. Bei Verpflichtungsgeschäften kann die Befristung eine verschiedene Bedeutung haben. Sie kann die Entstehung der Forderung hinausschieben, so daß vorläufig nur eine Anwartschaft (künftige Forderung) besteht; das ist z. B. der Fall bei Miets- oder Darlehenszinsen für ein künftiges Quartal, vgl. oben § 8 II, 2. In der Regel wird aber durch die Befristung hinausgeschoben nicht die Entstehung, sondern die Fälligkeit der Forderung und damit die Entstehung des Anspruches aus der Forderung, vgl. oben § 10 II, 1; so kommt z. B. der Mietzins für das laufende Quartal pro rata temporis zur Entstehung, wird aber erst am Ende des Quartals fällig.

§ 48. Unvollständige und nichtige Geschäfte.

I. Ein Rechtsgeschäft kann unwirksam sein oder wenigstens der vollen Wirkung ermangeln, wenn es unvollständig ist, d. h. wenn ein Stück des Tatbestandes noch aussteht. Unvollständig ist z. B. das bedingte oder befristete Geschäft; die Einigung über Eigentumsübertragung, solange die Sache nicht übergeben bzw. der Eintrag nicht erfolgt ist; das zustimmungsbedürftige Geschäft, solange die Genehmigung fehlt. Durch Eintritt des fehlenden Tatbestandsstücks erlangt das unvollständige Geschäft seine volle Wirkung.

II. Der Tatbestand eines Rechtsgeschäfts kann mit einem Fehler behaftet sein, durch den die beabsichtigte Wirkung des Geschäftes für immer ausgeschlossen ist. Solche Geschäfte nennt man nichtig. Die wichtigsten Gründe der

Nichtigkeit sind: mangelnde Geschäftsfähigkeit, Fehlen der vorgeschriebenen Form und Unzulässigkeit des Inhalts. Die Nichtigkeit wird von Amts wegen berücksichtigt und kann nicht nur von den Parteien, sondern auch von dritten Personen, deren Interesse von der Nichtigkeit berührt wird, vorgebracht werden. Die Nichtigkeit ist begrifflich allseitig. Ausnahmsweise kennt das Gesetz relative Unwirksamkeit eines Geschäftes in dem Sinn, daß ein Geschäft im allgemeinen gültig, jedoch einer oder mehreren Personen gegenüber unwirksam ist; die wichtigsten Fälle sind: Verfügungen, die gegen ein Veräußerungsverbot oder gegen ein vorgemerktes Recht verstoßen. Partielle Nichtigkeit eines Geschäftes hat Nichtigkeit des ganzen Geschäftes zur Folge, wenn nicht anzunehmen ist, daß die Parteien das Geschäft ohne den nichtigen Teil gewollt hätten. Entspricht ein nichtiges Rechtsgeschäft den Erfordernissen eines anderen Geschäftes, so gilt letzteres, wenn anzunehmen ist, daß die Parteien es bei Kenntnis der Nichtigkeit gewollt hätten (Konversion); so kann z. B. ein nichtiger Erbvertrag als Testament gelten; ein nichtiger Wechsel als Schuldschein. Ein nichtiges Geschäft kann nicht bestätigt, wohl aber, wenn der Nichtigkeitsgrund weggefallen ist, neu errichtet werden (unter nochmaliger Beobachtung einer für das Geschäft vorgeschriebenen Form).

§ 49. Anfechtbare Geschäfte.

I. Ein Rechtsgeschäft ist anfechtbar, wenn es zunächst normale Wirkungen herbeiführt, die aber durch eine Willenserklärung beseitigt werden können. Anfechtbar sind nach BGB. die mit Willensmängeln behafteten Geschäfte, vgl. unten § 57. Wesentlich anders gestaltet ist die Anfechtung von Rechtsgeschäften wegen Benachteiligung der Gläubiger nach Konkursordnung und dem Reichsgesetz über Anfechtung außerhalb des Konkurses. Der Rechtsgedanke der Anfechtung ist auch außerhalb des Gebiets der Rechtsgeschäfte verwendet: anfechtbar ist die Ehelichkeit eines Kindes, der Erbschaftserwerb eines Unwürdigen sowie gewisse gerichtliche Entscheidungen: die Entmündigung und das Ausschlußurteil im Aufgebotsverfahren.

II. Die Anfechtung ist Ausübung eines aufhebenden (negativen) Gestaltungsrechts, vgl. oben § 8 III, 12. Anfechtungsberechtigt ist der Urheber der anzufechtenden Erklärung bzw. sein Erbe, ausnahmsweise, § 318, dritte Personen. Die Anfechtung erfolgt durch einseitige, formlose, Erklärung, die bei Verträgen an den Mitkontrahenten, bei einseitigen empfangsbedürftigen Erklärungen an den Empfänger der Erklärung zu richten ist; bei nichtempfangsbedürftigen Erklärungen an die Person, die aus der Erklärung einen unmittelbaren rechtlichen Vorteil erlangt hat: in gewissen Fällen kann die Anfechtung gegenüber einer Behörde erklärt werden. Das Anfechtungsrecht erlischt durch Ablauf einer Frist sowie durch formlose Bestätigung des Geschäftes.

III. Das angefochtene Geschäft ist als von Anfang an nichtig anzusehen. Wird ein Verpflichtungsgeschäft angefochten, so erweist sich, daß eine Verpflichtung nicht bestanden hat; die zur Erfüllung bereits vorgenommenen Leistungen können als grundlos zurückverlangt werden. Bei Anfechtung einer Veräußerung fällt das veräußerte Recht an den Veräußerer zurück; er kann die veräußerte Sache vindizieren (sog. dingliche Kraft der Anfechtung), auch aus der Hand eines weiteren Erwerbers; jedoch ist dieser Erwerber durch seinen guten Glauben geschützt, wenn er weder wußte noch wissen konnte, daß der Erwerb seines Vorgängers der Anfechtung unterlag. Ein angefochtenes Geschäft kann, da es nunmehr nichtig ist, nicht mehr bestätigt, sondern nur erneut vorgenommen werden.

§ 50. Verbotene Rechtsgeschäfte.

I. Die Rechtsordnung will gewisse Rechtsgeschäfte ihres Inhaltes wegen nicht dulden. Das BGB. begnügt sich meist damit, solche Geschäfte für nichtig zu erklären,

z. B. die Verabredung des Zinseszinses, § 248, oder den Verfallvertrag beim Pfandrecht, § 1229. Daneben stellt das Gesetz den allgemeinen Grundsatz auf, daß Rechtsgeschäfte, insbesondere Schuldverträge, wenn sie gegen ein gesetzliches Verbot verstoßen, nichtig sind, §§ 134, 309. Solche Verbote sind insbesondere aus der Strafbarkeit gewisser Verabredungen zu entnehmen. Jedoch gibt es Verbote, die die Gültigkeit des verbotswidrigen Rechtsgeschäftes nicht beeinträchtigen; so ist z. B. ein Rechtsgeschäft, das den Vorschriften über die Sonntagsruhe zuwider geschlossen ist, deshalb nicht nichtig; aus der Strafbarkeit des Bettels folgt keine Nichtigkeit des Geschenks an den Bettler. Wie die verbotenen Geschäfte, so sind auch solche Geschäfte nichtig, die in Umgehung eines Verbotes (in fraudem legis) geschlossen werden.

II. In den zahlreichen Fällen, in den das Gesetz Verfügungen des Rechtssubjekts über sein Recht nicht zuläßt, spricht man von Veräußerungsverboten. In der Tat handelt es sich dabei um Vorschriften, die entweder einem Recht die Eigenschaft der Übertragbarkeit, vgl. oben § 9 II, oder dem Rechtssubjekt die Verfügungsmacht über sein Recht, vgl. oben § 41 II, entziehen. Dagegen gibt es wirkliche Veräußerungs- oder richtiger: Verfügungsverbote, die von einem Gericht oder einer sonstigen zuständigen Behörde erlassen werden, und zwar in der Regel zum Schutz bestimmter Personen. Die wichtigsten Fälle solcher, relativer, Veräußerungsverbote sind: Konkursordnung § 106; ZPO. §§ 935ff. (einstweilige Verfügungen); und das in der Beschlagnahme eines Grundstücks nach ZVG. § 23 enthaltene Veräußerungsverbot. Diese Verbote dienen zum Schutz gewisser Gläubiger dessen, dem die Veräußerung verboten ist. Ihre Wirkung ist relative Unwirksamkeit der dem Verbot zuwider erfolgenden Verfügung, vgl. oben § 46 II (wobei aber der gute Glaube des Erwerbers geschützt wird), sowie der den Gegenstand des Verbotes betreffenden Vollstreckungsmaßregeln.

§ 51. Sittenwidrige Rechtsgeschäfte.

I. Ein Rechtsgeschäft, das gegen die guten Sitten (boni mores) verstößt, ist nichtig. Unsittliche Absicht einer Partei bewirkt noch nicht Nichtigkeit des Geschäftes; es muß das Geschäft selbst, sein Inhalt oder der von den Parteien gemeinsam verfolgte Zweck, sich als sittenwidrig darstellen. Maßgebend ist das moralische Urteil aller billig und gerecht denkenden Volksgenossen, unter Berücksichtigung der Verschiedenheiten, die sich aus Lebensstellung und Beruf ergeben: entscheidend ist das Minimum sittlicher Betätigung, das von den Angehörigen eines bestimmten Lebenskreises nach allgemeiner Anschauung verlangt werden muß.

Abstrakte Geschäfte, vgl. oben § 42 III, können, da sie ohne Rücksicht auf die zugrunde liegenden Verabredungen und Parteizwecke zu beurteilen sind, sich nicht als sittenwidrig darstellen; die Eigentumsübertragung oder die Ausstellung eines Wechsels ist an sich betrachtet eine sittlich indifferente Handlung; dagegen kann die Verabredung, auf Grund deren das Eigentum übertragen, der Wechsel ausgestellt wird, aus dem Gesichtspunkt der Sittlichkeit beurteilt und als sittenwidrig befunden werden.

II. Die Fälle, in denen man Nichtigkeit wegen Verstoßes gegen die guten Sitten annimmt, lassen sich in drei Gruppen anordnen:

1. nichtig ist jedes Rechtsgeschäft, das einen sittenwidrigen Erfolg bezweckt oder fördert; insbesondere das Versprechen einer unmoralischen Handlung; aber auch das Versprechen einer Leistung unter der Bedingung, daß eine unmoralische Handlung erfolgt;

2. als sittenwidrig und daher nichtig werden Rechtsgeschäfte betrachtet, durch die jemand in Lebensfragen, die dem freien Entschluß unterliegen sollen,

gebunden oder durch pekuniäre Erwägungen beeinflußt werden soll; z. B. Belohnungen oder Vertragsstrafen, die die Eheschließung, Scheidung, Änderung der Konfession oder des Berufes oder der Staatsangehörigkeit, das Ablegen oder Verweigern des gerichtlichen Zeugnisses usw. betreffen;

3. als unsittlich gilt ein Rechtsgeschäft, durch das die wirtschaftliche Freiheit in zu weit gehendem Maß beschränkt wird. Die Grenze des Erlaubten ist vielfach durch genaue gesetzliche Bestimmungen gezogen, z. B. in den Vorschriften über Konkurrenzklauseln im Vertrag mit Angestellten. Aber außerhalb dieser Bestimmungen liegt ein weites Gebiet, auf dem das zulässige Maß wirtschaftlicher Bindung vom Richter nach dem allerdings sehr elastischen Prinzip der guten Sitten festzustellen ist. Das gilt namentlich für die sehr bestrittenen Fragen, wieweit die freie Betätigung im gewerblichen Leben durch Ringe, Kartelle, Trustverträge und ähnliche Verabredungen eingeengt werden kann.

Aus dem Gesichtspunkt des Verstoßes gegen die guten Sitten betrachtet das Gesetz das wucherische Geschäft. Jedes entgeltliche Rechtsgeschäft (Darlehen, Kauf, Miete usw.) kann wucherisch sein, wenn ein auffallendes Mißverhältnis zwischen Leistung und Gegenleistung vorliegt und Notlage, Leichtsinn oder Unerfahrenheit der einen Partei vom Mitkontrahenten ausgebeutet worden ist.

§ 52. Die geschäftsunfähigen Personen.

I. Das Rechtsgeschäft ist dazu bestimmt, den Willen des Menschen bei der Gestaltung seiner Rechtsverhältnisse zur Geltung zu bringen. Das Rechtsgeschäft verlangt daher eine normale Beschaffenheit des Willens. Zur Vereinfachung und Sicherung des Rechtsverkehrs sieht das Gesetz davon ab, die geistigen Fähigkeiten des Menschen von Fall zu Fall zu prüfen, und scheidet aus der Masse der Rechtssubjekte zwei Kategorien von Menschen aus, denen es die zum Abschluß von Rechtsgeschäften erforderliche Handlungsfähigkeit, die Geschäftsfähigkeit, ganz abspricht oder nur in beschränktem Maße gewährt. Zur Ergänzung dieses Mangels haben beide Klassen von Personen einen gesetzlichen Vertreter (Inhaber der elterlichen Gewalt oder Vormund). Die Rechtsfolgen der fehlenden oder beschränkten Geschäftsfähigkeit treten auch dann ein, wenn der Geschäftsgegner diese Mängel nicht kennt.

II. Geschäftsunfähig sind: Kinder unter 7 Jahren; Geisteskranke, vgl. oben § 16 III, 1, und Menschen, die wegen Geisteskrankheit entmündigt sind. Die Entmündigung erfolgt in einem durch die ZPO. geregelten Verfahren durch Beschluß des Amtsgerichts, der durch Klage beim Landgericht angefochten werden kann. Sie ist nach Aufhören der Krankheit durch Beschluß des Amtsgerichts aufzuheben. Der Geisteskranke ist geschäftsunfähig, solange die Krankheit dauert, der Entmündigte bis zur Aufhebung der Entmündigung.

III. Willenserklärungen eines Geschäftsunfähigen sind nichtig; Willenserklärungen, die an ihn gerichtet sind, werden erst durch Zugehen an seinen gesetzlichen Vertreter wirksam. Ist die Entmündigung angefochten, so bleiben die Willenserklärungen des gesetzlichen Vertreters gültig; die Erklärungen des Entmündigten sind ohne Rücksicht auf die Entmündigung zu beurteilen, d. h. wirksam, wenn er geistesgesund war.

IV. Vorübergehende Willensunfähigkeit (Bewußtlosigkeit oder vorübergehende Störung der Geistestätigkeit durch Trunkenheit oder andere Ursachen) macht den Menschen nicht geschäftsunfähig. Aber Willenserklärungen, die in solchem Zustand abgegeben werden, sind nichtig; dagegen ist eine Erklärung unter Abwesenden gültig, auch wenn der Adressat bei Zugehen der Erklärung sich in einem solchen Zustand befand.

§ 53. Die beschränkt geschäftsfähigen Personen.

I. Beschränkt geschäftsfähig sind: Minderjährige (über 7 Jahre) Personen, die wegen Geistesschwäche, Verschwendung oder Trunksucht entmündigt sind, und Personen, die unter vorläufiger Vormundschaft stehen.

II. Minderjährige (und die ihnen gleichgestellten Personen) können Willenserklärungen, die ihnen lediglich rechtlichen Vorteil bringen, selbständig abgeben. Zu anderen Erklärungen (insbesondere zu allen Veräußerungen und Verpflichtungen) bedürfen sie der Zustimmung des gesetzlichen Vertreters, § 107. Bei einseitigen Rechtsgeschäften kann die Einwilligung nicht durch Genehmigung nachgeholt werden; sie muß dem Empfänger der Erklärung vom gesetzlichen Vertreter mitgeteilt oder vom Minderjährigen in schriftlicher Form vorgelegt werden; ist das nicht geschehen, so kann der Empfänger die Erklärung des Minderjährigen unverzüglich zurückweisen. Verträge, die der Minderjährige ohne Einwilligung schließt, bleiben in der Schwebe, bis der gesetzliche Vertreter die Genehmigung erteilt oder verweigert. Der Mitkontrahent kann den Vertrag bis zur Genehmigung widerrufen oder den gesetzlichen Vertreter zu einer Erklärung auffordern; erfolgt innerhalb zweier Wochen keine Antwort, so gilt die Genehmigung als verweigert, vgl. oben § 5 V. Ein ohne Einwilligung geschlossener Vertrag wird gültig, wenn ihn der Minderjährige mit Mitteln, die ihm zur freien Verfügung überlassen sind, erfüllt.

III. Willenserklärungen an einen Minderjährigen sind wirksam, wenn sie ihm lediglich rechtlichen Vorteil bringen; andere Erklärungen werden durch Zugehen an den gesetzlichen Vertreter wirksam.

IV. Bei Anfechtung einer Entmündigung gilt dasselbe wie bei Entmündigung wegen Geisteskrankheit.

V. Für einige Rechtsgeschäfte ist die Rechtsstellung der beschränkt geschäftsfähigen Personen besonders geordnet:

1. die Ehefähigkeit tritt beim Mann erst mit der Volljährigkeit ein. Die Frau kann mit 16 Jahren heiraten, bedarf aber der Einwilligung ihres gesetzlichen Vertreters. Ebenso können Personen, deren Geschäftsfähigkeit durch Entmündigung beschränkt ist, nur mit Einwilligung des gesetzlichen Vertreters eine Ehe schließen;
2. gewisse Rechtshandlungen des Familienrechts (z. B. Anfechtung der Ehe und der Ehelichkeit) können beschränkt geschäftsfähige Personen selbständig vornehmen;
3. die Testierfähigkeit wird mit dem 16. Lebensjahr erworben und ohne Mitwirkung des gesetzlichen Vertreters ausgeübt. Personen, deren Geschäftsfähigkeit durch Entmündigung beschränkt ist, können ein Testament nicht errichten, wohl aber aufheben.

§ 54. Partielle Geschäftsfähigkeit.

In zwei Fällen gewährt das Gesetz den Minderjährigen (und den ihnen gleichgestellten Personen) volle Geschäftsfähigkeit für einen bestimmten Kreis von Geschäften:

1. wenn ein Minderjähriger mit Ermächtigung des gesetzlichen Vertreters und Genehmigung des Vormundschaftsgerichts ein Erwerbsgeschäft selbständig betreibt, ist er voll geschäftsfähig für alle Rechtsgeschäfte, die der Geschäftsbetrieb mit sich bringt, außer den Rechtsgeschäften, die der Genehmigung des Vormundschaftsgerichts bedürfen. Der gesetzliche Vertreter kann die Ermächtigung mit Genehmigung des Vormundschaftsgerichts zurücknehmen, § 112;
2. wenn ein Minderjähriger mit Ermächtigung des gesetzlichen Vertreters in Dienst oder Arbeit tritt, ist er voll geschäftsfähig für Eingehung, Aufhebung und Erfüllung solcher Dienst- oder Arbeitsverträge. Die Ermächtigung kann vom gesetzlichen Vertreter zurückgenommen werden, § 113.

Aus der Geschäftsfähigkeit ergibt sich für diesen Kreis von Angelegenheiten Prozeßfähigkeit des Minderjährigen und Ausschluß der Verwaltung des gesetzlichen Vertreters.

§ 55. Form der Rechtsgeschäfte.

I. Grundsätzlich kann der rechtsgeschäftliche Wille durch beliebige Mittel erklärt werden. In gewissen Fällen ist für die Willenserklärung ein bestimmtes Mittel, eine Form, vorgeschrieben. Tatsachen, die nicht als Mittel der Erklärung dienen, sondern zu der Willenserklärung hinzutreten (z. B. Eintragung in das Grundbuch, Übergabe der Sache) sind nicht Form des Rechtsgeschäfts.

Die legislativen Zwecke der Form sind: Verdeutlichung des Willens; Beförderung der Überlegung durch Erschwerung der Willenserklärung; Sicherung des Beweises. Das ältere Recht (römisches wie germanisches) verlangt grundsätzlich eine Form der Willenserklärung, und zwar in der Regel eine mündliche Form, die im Gebrauch bestimmter Worte (certa verba) besteht. Im klassischen Recht der Römer ist das Prinzip der Formfreiheit durchgedrungen und im gemeinen Recht zur Herrschaft gelangt. Es gilt auch im BGB., durchbrochen von zahlreichen Ausnahmen, in denen Schriftform oder öffentliche Form verlangt wird.

Die Formen des BGB. sind Gültigkeitserfordernis des Rechtsgeschäftes (sog. feierliche oder Solemnitätsformen), nicht Beweisformen. Ist bei Eingehung des Geschäftes die Form, z. B. die Schriftform erfüllt, so ist das Geschäft gültig; der Beweis kann, auch wenn die Urkunde nicht mehr existiert, durch andere Mittel geführt werden.

Eine Form kann, wie vom Gesetz vorgeschrieben, so auch von den Parteien für ein vorzunehmendes Rechtsgeschäft festgesetzt werden. Die Verabredung der Beurkundung eines Vertrages ist im Zweifel als Gültigkeitserfordernis gewollt.

II. Ein Rechtsgeschäft, das der gesetzlichen Form ermangelt, ist nichtig, § 125, außer soweit die Form auf einer Sollverschrift, vgl. oben § 5II, 1, beruht z. B. § 1318. Bei einigen obligatorischen Verträgen wird der Formmangel durch Bewirkung der versprochenen Leistung geheilt, §§ 313, 518, 766. Der Mangel einer durch Rechtsgeschäft bestimmten Form hat nur im Zweifel Nichtigkeit zur Folge; denn die Parteien können die Verabredung der Form jederzeit aufheben; auch stillschweigend, indem sie das Rechtsgeschäft, für das die Form verabredet ist, formlos abschließen.

III. Die für die Begründung eines Rechtsverhältnisses vorgeschriebene Form gilt nicht ohne weiteres für die Aufhebung; so muß z. B. der Bürgschaftsvertrag schriftlich geschlossen werden, aber die Entlassung des Bürgen kann mündlich erfolgen.

§ 56. Die Schriftform.

I. Die Schriftform erfordert eine Urkunde, die den wesentlichen Inhalt der Willenserklärung enthalten muß. Der Text kann vom Aussteller oder einem Dritten hergestellt sein (nur das Privattestament muß eigenhändig sein) und muß vom Aussteller eigenhändig durch Namensunterschrift unterzeichnet sein. An Stelle der Unterschrift genügt ein öffentlich beglaubigtes Handzeichen. Ist ein unvollständiger Text unterschrieben (Blankourkunde), so entsteht durch Ausfüllung des Textes seitens des Ausstellers oder eines Dritten eine formgerechte Urkunde. Datierung der Urkunde ist (außer beim Privattestament) für die Gültigkeit der Urkunde nicht erforderlich.

II. Die für einen Vertrag vorgeschriebene Schriftform kann einseitig oder zweiseitig sein, je nachdem nur eine Willenserklärung (wie bei der Bürgschaft) oder beide Willenserklärungen (wie beim Mietsvertrag über Grundstücke) schriftlich abgefaßt sein müssen. Bei zweiseitiger Schriftform müssen entweder beide Parteien eine Urkunde unterzeichnen oder jede Partei eine für die andere Partei bestimmte gleichlautende Urkunde.

III. Empfangsbedürftige Erklärungen werden, auch wenn sie der Schriftform unterliegen, erst durch Zugehen an den Gegner wirksam. Das Zugehen wird durch Übersendung oder Vorweisen der Urkunde bewirkt.

IV. Die verabredete Schriftform ist im Vergleich zur gesetzlichen im Zweifel erleichtert: es genügt telegraphische Übermittelung, obgleich die Unterschrift auf dem Ankunftstelegramm nicht eigenhändig ist; beim Vertrag genügt Briefwechsel, auch wenn die in den Briefen niedergelegten Erklärungen nicht gleichen Wortlaut haben.

§ 57. Die öffentlichen Formen.

In gewissen Fällen verlangt das Gesetz die Mitwirkung einer Behörde bei Abgabe einer Willenserklärung. Die Vorschriften über diese Tätigkeit der Behörden finden sich im Reichsgesetz über freiwillige Gerichtsbarkeit.

I. Die gerichtliche oder notarielle Beurkundung besteht darin, daß die Partei ihre Erklärung mündlich oder durch Vorlegung eines Schriftsatzes vor dem Amtsgericht oder einem Notar abgibt und daß darüber ein Protokoll aufgenommen wird. Bei Abschluß von Verträgen in dieser Form ist bisweilen gleichzeitige Anwesenheit der Parteien vorgeschrieben (Auflassung, § 925; Adoption, § 1750). In der Regel können Antrag und Annahmeerklärung einzeln, sukzessiv, beurkundet werden, § 128; dann kommt der Vertrag schon durch die Beurkundung, nicht erst durch das Zugehen der Annahmeerklärung zustande, § 152.

II. Bei der öffentlichen Beglaubigung wird die in Gegenwart des Beamten vollzogene Unterschrift des Ausstellers durch einen datierten und vom Beamten unterschriebenen Vermerk auf der Urkunde beglaubigt; dieser Vermerk beweist, daß die Unterschrift von der Person herrührt, deren Namen sie enthält; auf den Inhalt der Urkunden bezieht sich die Beglaubigung nicht.

§ 58. Auslegung der Rechtsgeschäfte.

I. Willenserklärungen bedürfen, wenn sie nicht ganz präzis und vollständig sind, der Auslegung, d. h. der genauen Feststellung ihrer rechtlichen Bedeutung. Ausgehend vom generellen Sinn der gebrauchten Worte ist ihre rechtliche Tragweite nach Treu und Glauben (bona fides) mit Rücksicht auf die Verkehrssitte zu ermitteln, § 157. Da der Erklärende, auch bei formellen Geschäften, in der Wahl der Worte frei ist, so verwirft das Gesetz die Buchstabeninterpretation und verweist auf die Erforschung des wirklichen Willens, § 133. Aus dem Grundsatz von Treu und Glauben ergibt sich aber, daß die Berücksichtigung eines vom Wortlaut abweichenden inneren Willens je nach Umständen in verschiedenem Maße zulässig ist. Ist die Erklärung für einen weiteren Personenkreis bestimmt (z. B. Inhaberpapier, Vollmachtsurkunde), so entscheidet der herkömmliche für jeden verständliche Sinn der Worte. Bei Erklärungen an einen bestimmten Gegner ist als wirklicher Wille das zu betrachten, was der Gegner unter Berücksichtigung aller ihm bekannten Umstände als die Meinung des Erklärenden verstanden hat oder verstehen mußte. Bei Auslegung eines Testamentes ist der innere Wille des Erblassers, wenn er im Wortlaut einen auch nur unvollkommenen Ausdruck gefunden hat, selbst dann maßgebend, wenn er den Beteiligten zunächst nicht verständlich war.

II. Durch Auslegung wird der Inhalt des Parteiwillens festgestellt. Dieser Wille ist oft unvollständig; es kommt vor, daß die Parteien bei Abschluß des Vertrages an einen später eintretenden Umstand nicht gedacht und daher die Rechtsfolgen dieses Umstandes nicht geregelt haben. Dann ist zunächst das dispositive

Recht, vgl. oben § 5II 2, anzuwenden und zu diesem Zwecke das Geschäft unter eine der vom Gesetz aufgestellte Kategorien von Rechtsgeschäften zu subsumieren. Aber auch das Gesetz kann, wenn es nicht in maßlose Kasuistik verfallen will, nicht alle möglichen Gestaltungen des Tatbestandes voraussehen. Gibt das dispositive Recht keine der Sachlage angemessene Entscheidung, so muß das lückenhafte Rechtsgeschäft nach Treu und Glauben mit Rücksicht auf die Verkehrssitte ergänzt werden. Diese Ergänzung wird meist unter Auslegung mitverstanden, obgleich sie eine von der Auslegung logisch zu unterscheidende Tätigkeit ist.

§ 59. Die Willensmängel.

Unter Willensmangel (§ 166) versteht man eine abnorme Gestaltung des Parteiwillens. Die Abnormität kann sein:

1. ein Mangel in der Erklärung: der durch Auslegung als maßgebend festgestellte Inhalt der Erklärung entspricht nicht dem wirklichen Willen des Erklärenden. Die Divergenz von Wille und Erklärung kann mit oder ohne Absicht des Erklärenden zustande kommen. Die Behandlung solcher Fälle war im gemeinen Rechte kontrovers: nach der sog. Willenstheorie sollte eine dem Willen nicht entsprechende Erklärung ungültig sein; nach der Erklärungstheorie sollte die Erklärung ohne Rücksicht auf den inneren Willen gelten. Das BGB. hat einen vermittelnden Standpunkt eingenommen: grundsätzlich gilt, was erklärt ist; aber in bestimmten Fällen ist die Erklärung, wenn sie vom Willen abweicht, nichtig oder anfechtbar;

2. ein Mangel im Motiv liegt vor, wenn der Entschluß der Partei durch abnorme Umstände beeinflußt ist. Grundsätzlich ist das Motiv für die Gültigkeit des Geschäftes irrelevant. Nur in bestimmten Fällen (Irrtum über wesentliche Eigenschaften, arglistige Täuschung, Drohung) unterliegt die Erklärung der Anfechtung.

§ 60. Bewußte Erklärung des Nichtgewollten.

Das Gesetz unterscheidet drei Fälle:

1. der geheime Vorbehalt, das Erklärte nicht zu wollen (reservatio mentalis) ist wirkungslos: die Willenserklärung ist gültig, außer wenn der Gegner den Vorbehalt kennt, § 116;

2. eine nicht ernst gemeinte Erklärung, die in der Erwartung abgegeben wird, der Mangel der Ernstlichkeit werde nicht verkannt werden, ist nichtig, § 118; wird aber die Erklärung ernst genommen, so hat der Erklärende den Vertrauensschaden (vgl. unten § 61III) zu ersetzen. Der wichtigste Fall ist die vom Gegner nicht durchschaute Scherzerklärung;

3. eine empfangsbedürftige Erklärung ist nichtig, wenn der Erklärende und sein Gegner darüber einverstanden sind, daß sie nicht gelten solle (Scheingeschäft, simuliertes Geschäft), § 117. Hinter dem Scheingeschäft kann sich ein ernstlich gewolltes Geschäft verbergen (verdecktes, dissimuliertes Geschäft); so kann z. B. eine Schenkung in Gestalt eines Scheinverkaufes vorgenommen werden. Das verdeckte Geschäft ist gültig, wenn es den gesetzlichen Erfordernissen genügt. Nicht simuliert und daher gültig sind die fiduziarischen Verfügungen, vgl. oben § 44.

§ 61. Unbewußte Erklärung des Nichtgewollten.

I. Eine Erklärung ist anfechtbar, wenn sie dem Willen des Erklärenden nicht entspricht und diese Differenz von Wille und Erklärung nicht auf einer Absicht des Erklärenden beruht. Das kann in verschiedener Weise vorkommen:

1. wenn jemand die Erklärungshandlung so, wie er sie vorgenommen hat, nicht gewollt hat (sog. Irrtum in der Erklärung, § 119I): indem er sich verschreibt

oder sich verspricht oder eine Urkunde unterschreibt, über deren Inhalt er sich falsche Vorstellungen macht; oder durch Verwechselung eine Urkunde, die er nicht absenden will, absendet; ebenso wenn eine in blanco ausgestellte Urkunde, vgl. oben § 56 I, abweichend vom Willen des Ausstellers ausgefüllt wird;

2. wenn eine richtig abgegebene Erklärung durch die zur Übermittelung verwendete Person oder Anstalt (Telegraph) unrichtig übermittelt wird, § 120;

3. wenn der Erklärende über den Inhalt seiner Erklärung im Irrtum war, d. h. den Wortlaut der Erklärung gewollt hat, aber sich über die Bedeutung der gebrauchten Worte falsche Vorstellungen machte (Gebrauch einer fremden Sprache, Angabe unrichtiger Namen oder Nummern zur Bezeichnung von Gegenständen), § 119 I.

II. Die Anfechtung ist nur dann zulässig, wenn die Differenz von Wille und Erklärung subjektiv und objektiv erheblich ist, d. h. wenn anzunehmen ist, daß der Erklärende die Erklärung bei Kenntnis ihrer Unrichtigkeit nicht gewollt hätte, und wenn die Geltendmachung der Unrichtigkeit einer verständigen Würdigung des Falles entspricht. Die Anfechtung ist auch dann zulässig, wenn der Irrtum auf einem Verschulden des Erklärenden beruhte. Die Anfechtung muß, zur Vermeidung übermäßiger Schädigung des Gegners, unverzüglich nach Kenntnis der Unrichtigkeit der Erklärung erfolgen spätestens aber 30 Jahre nach Abgabe der Erklärung.

III. Der Anfechtende hat seinem Gegner den Schaden zu ersetzen, den dieser dadurch erleidet, daß er auf die Gültigkeit der Erklärung vertraut. Dieser sog. Vertrauensschaden (negatives Interesse) kann z. B. darin bestehen, daß der Gegner Vorbereitungen zur Erfüllung des vermeintlich gültigen Vertrages getroffen oder andere Angebote mit Rücksicht auf den Vertrag abgewiesen hat. Das Vertrauensinteresse braucht nicht über den Betrag des positiven Interesses hinaus ersetzt zu werden, d. h. des Interesses, das der Gegner an der Gültigkeit des angefochtenen Geschäftes hatte.

§ 62. Irrtum über wesentliche Eigenschaften.

Ein Irrtum im Motiv ist (außer bei Verfügungen von Todes wegen) grundsätzlich irrelevant: die Gültigkeit eines Geschäftes ist nicht dadurch beeinträchtigt, daß der Entschluß durch irrige Vorstellungen oder Erwartungen von Tatsachen beeinflußt ist. Ausnahmsweise ist Anfechtung gegeben, wenn der Irrtum sich auf wesentliche Eigenschaften des Geschäftsgegners oder der Sache bezieht, die Gegenstand des Rechtsgeschäftes ist, § 119 II. Ein Irrtum dieser Art wird vom Gesetz dem Irrtum über den Inhalt der Erklärung gleichgestellt. Ob eine Eigenschaft wesentlich ist, ergibt sich nicht aus dem Wert, den die Partei auf diese Eigenschaft legt, sondern aus der Anschauung des Verkehrs; wesentlich in diesem Sinne sind nicht bloße Unterschiede der Qualität (wegen deren einem Käufer die Rechtsmittel aus §§ 459ff. zu Gebote stehen), sondern Eigenschaften, bei deren Fehlen die Person oder Sache zu einer anderen Art und Gattung zu zählen ist.

§ 63. Arglistige Täuschung und widerrechtliche Drohung.

I. Arglistige Täuschung (dolus) wird begangen durch wissentlich falsche Mitteilungen oder durch Verschweigen von Tatsachen, wenn nach Treu und Glauben eine Mitteilungspflicht besteht. Eine Absicht der Schädigung oder der Erlangung eines Vorteiles ist (im Gegensatz zum strafrechtlichen Betrug) nicht erforderlich. Die Täuschung ist nur dann Anfechtungsgrund, wenn der durch sie hervorgerufene Irrtum für den Entschluß des Getäuschten bestimmend war. Eine empfangsbedürftige Erklärung kann nur dann angefochten werden, wenn der Gegner die Täuschung verübt oder von ihr Kenntnis gehabt hat.

II. Widerrechtliche Drohung (metus) ist die Erregung von Furcht in der Absicht, den Bedrohten zur Vornahme eines Rechtsgeschäfts zu veranlassen. Objekt der Drohung kann jedes Lebensgut sein: Leib und Leben, Freiheit, Ehre, Vermögen. Die Drohung braucht, um Anfechtung zu begründen, nicht objektiv erheblich zu sein, muß aber den Bedrohten zur Vornahme des Geschäftes bestimmt haben. Widerrechtlich ist die Drohung immer, wenn eine unerlaubte Handlung in Aussicht gestellt wird. Androhung einer erlaubten Handlung (z. B. einer Strafanzeige) kann widerrechtlich sein, wenn sie in sittenwidriger Weise zur Erzwingung eines Vorteils vorgenommen wird. Für die Anfechtung kommt es nicht darauf an, ob die Drohung vom Geschäftsgegner oder einem Dritten ausging.

III. Die Anfechtung muß innerhalb eines Jahres seit Entdeckung der Täuschung oder Aufhören der Zwangslage vorgenommen werden; spätestens in 30 Jahren seit Abgabe der Willenserklärung.

IV. Täuschung und Drohung sind unerlaubte Handlungen, aus denen der Täter zu Schadensersatz verpflichtet ist. Der Schadensersatz kommt in Betracht neben der Anfechtung, soweit der Schaden des Betrogenen oder Gezwungenen durch die Anfechtung nicht beseitigt ist. Oder an Stelle der Anfechtung: der Betrogene oder Gezwungene kann nach § 249 Herstellung des Zustandes verlangen, der bestehen würde, wenn die Täuschung oder Drohung nicht erfolgt wäre, d. h. Rückgängigmachung des unter Täuschung oder Drohung geschlossenen Geschäftes. Dieser Anspruch ist von praktischer Bedeutung, wenn die einjährige Frist der Anfechtung verstrichen ist. Besteht die Täuschung in Zusicherung einer Eigenschaft oder Verschweigen eines Fehlers einer Kaufsache, so kann der Käufer nach § 463 Ersatz seines positiven Interesses verlangen, d. h. soviel als er hätte, wenn die zugesicherte Eigenschaft vorhanden bzw. der verschwiegene Fehler nicht vorhanden wäre.

§ 64. Stellvertretung.

I. Wer für einen anderen und mit Wirkung für ihn eine Willenserklärung abgibt, ist dessen Stellvertreter. Ebenso gibt es Stellvertretung bei Entgegennahme einer für einen anderen bestimmten Erklärung (passive Vertretung). Der Vertreter muß Vertretungsmacht haben, vgl. unten § 65, und im Namen des Vertretenen handeln, d. h. dem Gegner zu erkennen geben, daß die Wirkungen seiner Erklärung in der Person des Vertretenen (des Geschäftsherrn) eintreten sollen. Daß der Vertreter in fremdem Namen handelt, kann sich aus den Umständen ergeben. Hat jemand als Vertreter handeln wollen, aber diese Absicht nicht erkennbar hervortreten lassen, so treffen die Wirkungen seiner Handlung ihn (ohne daß er sie durch Anfechtung beseitigen kann). Stellvertretung ist grundsätzlich bei allen Rechtsgeschäften zulässig, außer bei einigen Geschäften des Familienrechts und beim Testament.

II. Vom Stellvertreter ist zu unterscheiden der Bote (nuntius): er gibt keine eigene Willenserklärung ab, sondern übermittelt eine fremde Erklärung.

Keine Stellvertretung im Sinn unseres Gesetzes liegt vor, wenn jemand für fremde Rechnung, aber in eigenem Namen ein Rechtsgeschäft eingeht. Wer so handelt, hieß im gemeinen Recht indirekter Stellvertreter und heißt im Handelsrecht Kommissionär. Rechte und Pflichten aus solchen Rechtsgeschäften entstehen in der Person des Handelnden und werden durch besondere Rechtsakte (Abtretung, Schuldübernahme) auf den Geschäftsherrn übergeleitet.

Ebenso liegt keine Stellvertretung vor beim Vertrag zugunsten Dritter. Der Kontrahent schließt den Vertrag im eigenen Namen und verpflichtet daher sich selbst; nur die Forderung aus diesem Vertrag entsteht infolge besonderer Verabredung in der Person des Dritten.

§ 65. Vertretungsmacht.

I. Die Vertretungsmacht beruht auf: Gesetz (elterliche Gewalt, Schlüsselgewalt der Ehefrau); auf obrigkeitlicher Bestellung (Vormund, Pfleger, Konkurs- und Nachlaßverwalter); oder auf rechtsgeschäftlichem Willen (Vollmacht, Vertretungsmacht des Testamentsvollstreckers, des Vereinsvorstandes). Gesetzliche Vertreter im engeren Sinn des Wortes heißen die Vertreter der geschäftsunfähigen oder in der Geschäftsfähigkeit beschränkten Personen; der Vereinsvorstand hat nach § 26 die Stellung eines gesetzlichen Vertreters.

II. Die Bevollmächtigung ist eine besondere Art der Zustimmung, vgl. oben § 45II. Sie verleiht dem Bevollmächtigten die Fähigkeit, durch Rechtsgeschäfte namens des Vertretenen in dessen Rechtskreis Wirkungen herbeizuführen, vgl. oben § 8III, 2.

1. Die Vollmacht wird erteilt durch einseitige Erklärung an den Bevollmächtigten (interne Vollmacht) oder an den Dritten, demgegenüber die Vertretung stattfinden soll (externe Vollmacht). Die Vollmacht bedarf in der Regel keiner Form; einseitige Erklärungen des Vertreters kann der Gegner zurückweisen, wenn ihm keine Vollmachtsurkunde vorgelegt wird. Bevollmächtigung kann auch stillschweigend erfolgen dadurch, daß der Geschäftsherr ein Handeln des Vertreters in seinem Namen duldet. Der externen Bevollmächtigung steht es gleich: wenn der Geschäftsherr einem Dritten mitteilt oder öffentlich bekanntmacht, daß er eine Vollmacht erteilt habe, oder wenn eine von ihm dem Vertreter ausgehändigte Urkunde einem Dritten vorgelegt wird.

2. Der Umfang der Vollmacht ergibt sich aus der Auslegung der Willenserklärung resp. Mitteilung des Geschäftsherrn; die Auslegung erfolgt bei interner Vollmacht vom Standpunkt des Bevollmächtigten aus, bei externer Vollmacht nach dem Standpunkt des Dritten.

3. Von der Vollmacht ist zu unterscheiden das ihr zugrundeliegende Vertragsverhältnis (Dienstvertrag, Auftrag) zwischen dem Geschäftsherrn und dem Bevollmächtigten. Die Vollmacht gibt dem Vertreter die Möglichkeit, seine Verpflichtungen aus dem Vertragsverhältnis zu erfüllen. Rechtsgeschäfte, die er innerhalb der Vollmacht, aber unter Verletzung seiner Vertragspflicht schließt, sind für den Geschäftsherrn verbindlich, verpflichten aber den Vertreter zu Schadensersatz.

4. Für das Erlöschen der Vollmacht ist zu unterscheiden: die interne Vollmacht erlischt mit Aufhören des zugrunde liegenden Rechtsverhältnisses und kann außerdem in der Regel jederzeit widerrufen werden. Die externe Vollmacht erlischt aus denselben Gründen; es muß aber, wenn der Dritte das Erlöschen nicht kennt, hinzukommen: Mitteilung an den Dritten, wenn die Bevollmächtigung ihm erklärt oder mitgeteilt ist; öffentliche Bekanntmachung, wenn die Bevollmächtigung auf diesem Wege kundgetan ist; Rückgabe oder Kraftloserklärung der Urkunde, wenn eine solche dem Vertreter ausgehändigt und von ihm einem Dritten vorgelegt ist.

§ 66. Tatbestand und Wirkungen der Vertretung.

I. Der rechtliche Vorgang bei der Stellvertretung ist so zu denken, daß das Rechtsgeschäft vom Vertreter geschlossen wird, die Wirkungen aber unmittelbar in der Person des Geschäftsherrn entstehen (Repräsentationstheorie). Daher braucht der Vertretene nicht geschäftsfähig zu sein; beim Vertreter genügt, da sein eigenes Vermögen unberührt bleibt, beschränkte Geschäftsfähigkeit. Für Willensmängel und Kenntnis gewisser Umstände kommt grundsätzlich die Person des Vertreters in Betracht; das Anfechtungsrecht aus einem Willensmangel des Vertreters entsteht für den Geschäftsherrn. Die Form des Rechtsgeschäftes ist vom Vertreter zu beobachten; daraus folgt, daß bei der Schriftform der Vertreter eigenhändig seinen

Namen zu zeichnen hat; jedoch kann der Prokurist die Firma zeichnen und nach herrschender Meinung jeder Vertreter den Namen des Vertretenen.

II. Ein Vertreter kann namens des Vertretenen ein Rechtsgeschäft mit sich selbst im eigenen Namen oder mit sich selbst als Vertreter eines anderen vornehmen (sog. Selbstkontrahieren). Da aber Interessenkollision zu befürchten ist, erlaubt das Gesetz derartige Rechtsgeschäfte nur dann, wenn eine so weit gehende Vertretungsmacht erteilt ist oder wenn es sich ausschließlich um Erfüllung einer Verbindlichkeit handelt.

III. Hat jemand ohne Vertretungsmacht als Vertreter gehandelt (falsus procurator), so kann ein Vertrag vom Geschäftsherrn genehmigt werden; bis zur Genehmigung besteht ein Schwebezustand, ebenso wie wenn ein Minderjähriger ohne Einwilligung des gesetzlichen Vertreters kontrahiert, vgl. oben § 53 II. Einseitige Geschäfte ohne Vertretungsmacht sind nichtig; ein Schwebezustand entsteht nur dann, wenn der Gegner mit der vollmachtlosen Abgabe der einseitigen Erklärung einverstanden ist. Bleibt die Genehmigung aus, so kann der Dritte vom Vertreter Erfüllung des Vertrages oder Schadensersatz verlangen; der gutgläubige Vertreter hat nur das negative Interesse zu ersetzen. Die Haftung des Vertreters ist ausgeschlossen, wenn der Dritte den Mangel der Vertretungsmacht kannte oder kennen mußte.

Achtes Kapitel.

Das Unrecht.

§ 67. Arten des Unrechts.

I. Jedes menschliche Verhalten, das der Rechtsordnung widerspricht, ist objektiv widerrechtlich; beruht dies Verhalten auf einem Verschulden, so liegt subjektives Unrecht vor. Das Unrecht kann Verletzung eines subjektiven Rechtes (z. B. des Eigentums) sein; es kann aber auch in der Verletzung einer gesetzlichen Vorschrift bestehen, durch die fremde Interessen geschützt werden, oder in einer vorsätzlichen sittenwidrigen Schädigung eines anderen.

Objektives Unrecht darf durch Notwehr abgewendet werden, vgl. unten § 72 I. Die Beseitigung eines objektiv unrechtmäßigen Zustandes kann ohne Rücksicht auf Schuld oder Unschuld des Gegners durch dingliche Ansprüche, §§ 985, 1004, durchgesetzt werden. Ebenso kann ein vertragswidriger Zustand ohne Rücksicht auf die Schuldfrage durch Erfüllungsanspruch beseitigt werden. Dagegen beruht die darüber hinausgehende, das Vermögen des Täters vermindernde Schadensersatzpflicht grundsätzlich auf Verschulden. Doch gibt es Fälle, in denen ein ohne Verschulden angerichteter Schaden zu ersetzen ist. Es handelt sich dabei zum Teil um Eingriffe in fremdes Recht, die wegen überwiegenden Interesses gestattet sind (z. B. §§ 867, 904), zum anderen Teil um Handlungen, die trotz ihrer Gefährlichkeit erlaubt, aber mit Ersatzpflicht belastet sind (Gefährdungshaftung; Beispiel: Haftung des Tierhalters nach § 833 I).

II. Die Widerrechtlichkeit einer an sich verbotenen Handlung kann aus besonderen Gründen ausgeschlossen sein:

1. durch eine öffentlichrechtliche Befugnis des Täters;

2. durch privatrechtliche Befugnisse, die stärker sind als das verletzte Recht, vgl. unten § 73 I. So darf z. B. der Nießbraucher die Sache dem Eigentümer vorenthalten und innerhalb der Grenzen seines Rechts auf sie einwirken. Vgl. ferner die aus Notwehr und Notstand erwachsenden Befugnisse, unten §§ 74, 75;

3. durch Einwilligung des Verletzten. Volenti non fit iniuria. Diese Einwilligung ist von der oben § 45 II erwähnten Einwilligung zu Rechtsgeschäften zu unterscheiden.

Sie ist unwirksam, wenn sie gegen Gesetz oder gute Sitten verstößt, so z. B. die Einwilligung zur Tötung. Genehmigung hat keine rückwirkende Kraft: die Handlung bleibt rechtswidrig; die Genehmigung kann aber nach § 140 als Erlaß der Ersatzforderung umgedeutet werden;

4. durch die Absicht der Geschäftsführung, wenn der Eingriff in den fremden Rechtskreis dem Interesse und dem Willen des Berechtigten entspricht, §§ 677, 678.

III. Die rechtswidrigen Handlungen zerfallen in zwei Gruppen:

1. Forderungsverletzung: Verstoß gegen eine Verpflichtung, die dem Täter kraft einer besonderen Beziehung zum Verletzten obliegt. Dazu gehören in erster Linie Vertragsverletzungen, aber auch Verletzungen von Pflichten aus sog. Quasikontrakten (z. B. aus auftragsloser Geschäftsführung oder Vormundschaft) und aus dem Besitz einer fremden Sache, §§ 987ff.

2. Verstoß gegen eine allgemeine Verpflichtung, die dem Täter ohne Rücksicht auf besondere Rechtsbeziehungen zum Verletzten obliegt. Solche Handlungen kannte man im gemeinen Recht Delikt. Das BGB. nennt sie im technischen Sinn „unerlaubte Handlung“ (unerlaubt im gewöhnlichen Sinn des Worts sind auch die Forderungsverletzungen).

Beide Gruppen rechtswidriger Handlungen unterscheiden sich in bezug auf Beweislast, Verjährung und Haftung für Dritte (§ 278 verglichen mit § 831).

Eine Handlung kann gleichzeitig gegen eine Forderung und gegen allgemeine Vorschriften verstoßen. So ist z. B. Beschädigung einer zur Aufbewahrung gegebenen Sache zugleich Verletzung des Gläubigerrechts und Verstoß gegen die allgemeine Vorschrift, die Beschädigung fremder Sachen verbietet. Nach herrschender Ansicht entstehen aus der Forderung und aus dem Delikt zwei konkurrierende Ansprüche, vgl. oben § 12 II. Meines Erachtens liegt Gesetzeskonkurrenz vor in dem Sinne, daß nur ein Schadensersatzanspruch entsteht, und zwar aus der Forderungsverletzung.

§ 68. Das Verschulden.

Verschulden (culpa im weiteren Sinne) ist ein dem Strafrecht und dem Zivilrecht gemeinsamer Begriff und bedeutet ein vom Gesetz gemißbilligtes geistiges Verhalten des Täters; der Vorwurf richtet sich gegen den bösen oder den schwachen Willen des Täters. Man unterscheidet zwei Arten des Verschuldens:

I. Vorsatz ist der auf den rechtswidrigen Erfolg gerichtete Wille. Das römische Wort dolus bezeichnet den Vorsatz, aber auch die, stets mit Vorsatz verbundene, arglistige Täuschung, vgl. oben § 63 I. Der Vorsatz ist ausgeschlossen durch Unkenntnis der Rechtswidrigkeit, mag die Unkenntnis auf Irrtum über Tatsachen oder über Rechtssätze beruhen. Dagegen genügt zum Vorsatz Kenntnis der Rechtswidrigkeit, auch wenn die Strafbarkeit dem Täter nicht bekannt war. Vorsatz liegt auch dann vor, wenn der Täter die Möglichkeit eines rechtswidrigen Erfolges seiner Handlung vorausgesehen und diesen Erfolg für den Fall, daß er eintreten werde, gewollt hat, dolus eventualis. Vom Vorsatz ist zu unterscheiden die Absicht des Täters: das Motiv, aus dem er die Rechtsverletzung begeht. Die Absicht des vorsätzlichen Täters kann verschieden sein; z. B. Verletzung fremden Eigentums aus Bosheit, aus Mitleid (Freilassung eines gefangenen Tieres), aus idealen Gründen (Vernichtung eines unsittlichen Buches). Die Absicht ist im Zivilrecht von geringerer Bedeutung als im Strafrecht.

II. Fahrlässigkeit (culpa im engeren Sinn) ist das Außerachtlassen der im Verkehr erforderlichen Sorgfalt, § 276, sei es, daß der Handelnde leichtsinnigerweise gehofft hat, daß ein als möglich vorausgesehener rechtswidriger Erfolg nicht eintreten werde; sei es, daß er diesen Erfolg nicht vorausgesehen hat, aber bei der nötigen Aufmerksamkeit hätte voraussehen können. Die Fahrlässigkeit kann in einem unvorsichtigen Handeln bestehen oder im Unterlassen von Maßregeln, zu denen der Täter verpflichtet war (negligentia). Die Fahrlässigkeit ist nach abstraktem Maßstabe zu beurteilen (culpa in abstracto): das Maß der Sorgfalt, die das Gesetz dem Handelnden zur Pflicht macht, richtet sich danach, was ein gewissenhafter Mann (bonus pater familias) von der betreffenden Menschenklasse (ein ordentlicher Kaufmann, Geschäftsmann, Handwerker usw.) unter den gegebenen Umständen für erforderlich gehalten hätte. Geistige oder körperliche Mängel (Unerfahrenheit, Unbeholfenheit) begründen den Vorwurf der Fahrlässigkeit dann, wenn ein solcher Mensch die betreffende Handlung nicht hätte vornehmen sollen. Innerhalb der Fahrlässigkeit unterscheidet man zwei Stufen: die schwereren Fälle sind grobe Fahrlässigkeit (culpa lata), die weniger schweren Fälle leichte Fahrlässigkeit (culpa levis). In gewissen Rechtsverhältnissen kann die Haftung für leichte Fahrlässigkeit durch den Nachweis abgewendet werden, daß der Täter in eigenen Angelegenheiten keine höhere Sorgfalt anzuwenden pflegt (culpa in concreto, diligentia quam in suis praestare solet).

III. Die Zurechnung eines durch Delikt oder durch Vertragsverletzung angerichteten Schadens ist ausgeschlossen:

1. durch Bewußtlosigkeit oder krankhafte Störung der Geistestätigkeit; bei Trunkenheit nur wenn der Täter ohne Verschulden in diesen Zustand geraten ist;

2. wenn der Täter das 7. Lebensjahr nicht vollendet hat. Zwischen 7 und 18 Jahren und bei Taubstummen kommt es darauf an, ob der Täter die zur Erkenntnis der Verantwortlichkeit erforderliche Einsicht hatte. Entmündigung hat als solche keinen Einfluß auf die Zurechnung

IV. Das Verschulden ist normalerweise Begleiterscheinung des Unrechts. Aber in einigen Fällen spricht das Gesetz von Verschulden bei Handlungen, die dem Menschen nicht als Pflicht auferlegt, sondern im eigenen Interesse vorgeschrieben sind, vgl. oben § 6 II a. E. So soll z. B. nach § 254 der Schadensersatz ausgeschlossen oder gemindert sein, wenn bei Entstehung des Schadens ein Verschulden des Verletzten mitgewirkt hat. Unter Verschulden ist in solchen Fällen ein dem rechtswidrigen Verschulden analoges „Verschulden gegen sich selbst“ zu verstehen, d. h. ein Verhalten, das vom Standpunkt der Lebensklugheit aus unvernünftig ist und in Anwendung auf fremde Angelegenheiten sich als Außerachtlassung der erforderlichen Sorgfalt darstellen würde.

§ 69. Zufall.

I. Zufall (casus) ist im juristischen Sprachgebrauch jedes unverschuldete Ereignis. Auch eine menschliche Handlung gilt als Zufall für den Täter oder für einen Dritten, sofern den Täter oder den Dritten kein Verschulden trifft. Da die Schadensersatzpflicht grundsätzlich ein Verschulden voraussetzt, besteht im allgemeinen keine Haftung für Zufall. So wird z. B. der Schuldner frei, wenn er die geschuldete Sache in entschuldbarem Irrtum vernichtet oder wenn die Sache von einem Dritten ohne mitwirkendes Verschulden des Schuldners zerstört wird (vgl. aber die Haftung für fremdes Verschulden nach § 278). Der Schuldner kann durch Vertrag die Haftung für Zufall übernehmen. In einigen Fällen wird sie ihm vom Gesetz auferlegt: Haftung des Gastwirts, § 701, der Eisenbahn und Post für die zur Beförderung gegebenen Sachen, der Eisenbahnen, Fabriken und Bergwerke nach dem Haftpflichtgesetz.

II. Die gesetzliche Haftung für Zufall findet ihre äußerste Schranke in der höheren Gewalt (vis maior). Man versteht darunter nach der herrschenden sog. objektiven Theorie ein nach seiner allgemeinen Beschaffenheit unabwendbares, nicht mit der Person oder dem Betrieb des Haftenden zusammenhängendes Ereignis, z. B. Erdbeben, Blitzschlag, Plünderung, von außen kommende Feuersbrunst.

Höhere Gewalt kommt ferner in Betracht als Entschuldigungsgrund bei Versäumung gewisser Fristen, z. B. bei der Verjährung, vgl. unten § 71IV. In dieser Funktion bedeutet höhere Gewalt jeden Zufall, der durch die äußerste Sorgfalt nicht vermieden werden konnte (sog. subjektive Theorie).

Neuntes Kapitel.

Die Zeit.

§ 70. Bedeutung und Berechnung der Zeit.

I. Die Rechtsordnung kann sich dem Einfluß der Zeit auf die menschlichen Verhältnisse nicht entziehen. Ein Zustand, der lange bestanden hat, muß schließlich als rechtmäßig gelten, ohne daß sein in ferner Vergangenheit liegender Ursprung eines strikten Beweises bedarf. Dafür spricht der durch Ablauf der Zeit immer schwieriger werdende Beweis der Rechtsentstehung; ferner die Gewöhnung aller Beteiligten an den bestehenden Zustand und die Erwägung, daß den Berechtigten, der es versäumt, sein Recht rechtzeitig durchzusetzen, der Vorwurf der Nachlässigkeit trifft. Die rechtsverändernde Wirkung der Zeit kommt im BGB. in zwei Instituten zur Geltung:

1. in der Ersitzung (usucapio): wer eine fremde Sache während bestimmter Zeit gutgläubig besitzt, erwirbt das Eigentum bzw. ein beschränktes Recht an der Sache; bei Grundstücken ist Ersitzung möglich nur wenn der Ersitzende zu Unrecht im Grundbuch eingetragen ist (Tabularersitzung). Durch den originären Erwerb des Ersitzers wird das Recht des bisherigen Eigentümers verdrängt, vgl. oben § 34I, 2;

2. in der Verjährung der Ansprüche (praescriptio longi temporis), vgl. unten § 71;

3. die im Landesrecht vorkommende unvordenkliche Zeit (tempus immemorabile) ist die Vermutung der Rechtmäßigkeit eines Zustandes, der seit Menschengedenken besteht.

II. Durch Gesetz oder Rechtsgeschäft kann die Dauer eines Rechtes durch Anfangs- oder Endtermin begrenzt sein, vgl. oben § 47. So haben z. B. die meisten Gestaltungsrechte eine befristete Dauer. Die Beschränkung eines Rechtes durch Endtermin unterscheidet sich von der Verjährung dadurch, daß mit dem Endtermin das Recht selbst erlischt, während von der Verjährung nur der Anspruch betroffen wird, und zwar so, daß ihm eine Einrede entgegentritt. Die Ansprüche finden ihre zeitliche Grenze in der Regel in der Verjährung; ausnahmsweise gibt es befristete Ansprüche, z. B. § 864.

III. Für die Berechnung von Fristen, die durch Gesetz (auch außerhalb des BGB.) oder durch Rechtsgeschäft bestimmt sind, sind in §§ 186ff. Auslegungsregeln aufgestellt. Ist der Tag, an dem oder bis zu dem eine Willenserklärung abzugeben oder eine Leistung vorzunehmen ist, ein Sonntag oder Feiertag, so tritt an Stelle dieses Tages der nächstfolgende Werktag.

§ 71. Die Verjährung.

I. Der Verjährung unterliegen alle Ansprüche, außer gewissen familienrechtlichen Ansprüchen und den Ansprüchen aus Rechten, die im Grundbuch eingetragen sind. Die aus dem gemeinen Recht übernommene ordentliche Verjährungsfrist von 30 Jahren ist durch zahlreiche Ausnahmen durchbrochen. Insbesondere verjähren viele Ansprüche aus Geschäften des täglichen Lebens in 2 Jahren, Zinsen und andere wiederkehrende Leistungen in 4 Jahren.

II. Die Frist beginnt mit Entstehung des Anspruchs, daher bei Forderungen mit deren Fälligkeit, vgl. oben § 10 II, 1. Nicht erforderlich für den Beginn der Verjährung ist das Vorliegen einer Rechtsverletzung; nur bei Ansprüchen auf ein Unterlassen beginnt die Verjährung erst mit der Zuwiderhandlung. Ebensowenig ist erforderlich, daß der Berechtigte seinen Anspruch kennt; nur die dreijährige Verjährung des Deliktsanspruchs beginnt erst mit Kenntnis vom Schaden und vom Täter. Entsteht ein Anspruch durch Kündigung oder Anfechtung, so beginnt die Verjährung mit der Zulässigkeit der Kündigung resp. Anfechtung. Die zwei- und vierjährigen Verjährungen beginnen erst mit Schluß des Jahres, in dem der Anspruch entstanden ist.

III. Die begonnene Verjährung läuft weiter, wenn ein Wechsel in der Person des Berechtigten oder des Verpflichteten eintritt (durch Erbgang, Abtretung oder Schuldübernahme); ebenso die Verjährung des dinglichen Anspruchs, wenn der Besitz der Sache durch Rechtsnachfolge auf eine andere Person übergeht.

IV. Man spricht von Hemmung der Verjährung, wenn ein Zeitraum in die Verjährungsfrist nicht eingerechnet wird, weil während dieser Zeit die Rechtsverfolgung gehindert oder unerwünscht ist. Hemmung liegt vor, wenn dem Anspruch eine aufschiebende Einrede gegenübersteht (dauernde Einreden und gewisse aufschiebende Einreden bewirken keine Hemmung); wenn der Berechtigte in den letzten sechs Monaten der Verjährungsfrist durch Stillstand der Rechtspflege (justitium) oder höhere Gewalt an der Rechtsverfolgung gehindert ist; ferner ist gehemmt die Verjährung von Ansprüchen unter Ehegatten, zwischen Eltern und Kindern während der Minderjährigkeit und zwischen Vormund und Mündel. Mit der Hemmung verwandt ist die Ablaufshemmung: die Verjährung endigt erst, nachdem 6 Monate seit dem Wegfall eines Hindernisses der Rechtsverfolgung verflossen sind; solche Hindernisse liegen vor: wenn der Berechtigte nicht voll geschäftsfähig ist und keinen gesetzlichen Vertreter hat; wenn ein Anspruch zu einem Nachlaß gehört oder sich gegen einen Nachlaß richtet und niemand vorhanden ist, der für den Nachlaß (als Erbe, Testamentsvollstrecker, Nachlaßverwalter) klagen oder verklagt werden kann.

V. Die Verjährung wird unterbrochen durch Anerkennung des Anspruchs gegenüber dem Berechtigten, sowie durch Klageerhebung und einige ihr gleichgestellte gerichtliche Handlungen (nicht durch Mahnung). Die Unterbrechung durch Klage dauert fort, bis der Prozeß rechtskräftig entschieden oder anderweit erledigt ist. Nach der Anerkennung bzw. Beendigung der Unterbrechung durch Klageerhebung beginnt eine neue Verjährung mit der früheren Frist; für einen rechtskräftig festgestellten Anspruch beträgt die Frist stets 30 Jahre.

VI. Aus der vollendeten Verjährung entsteht eine dauernde Einrede, die in einigen Punkten weniger intensiv wirkt als sonstige dauernde Einreden: eine in Unkenntnis der Verjährung vorgenommene Zahlung kann nicht zurückverlangt werden; eine verjährte Forderung kann zur Aufrechnung benutzt werden, wenn sie bereits vor Vollendung der Verjährung aufrechenbar war; Pfandrecht und Hypotheken werden von der Verjährung der Forderung nicht betroffen; ebenso kann eine zur Sicherung der Forderung vorgenommene fiduziarische Zuwendung nicht wegen Verjährung der Forderung zurückverlangt werden. Mit dem Hauptanspruch sind auch die Ansprüche auf Nebenleistungen (Zinsen, Früchte, Schadensersatz) verjährt, wenn nicht bereits die eigne Verjährung dieser Ansprüche abgelaufen ist.

VII. Die Verjährung kann durch Verabredung erleichtert, insbesondere abgekürzt werden. Dagegen ist Erschwerung, insbesondere Verlängerung der Frist unzulässig. Auf die durch Ablauf der Verjährung entstandene Einrede kann verzichtet werden.

Zehntes Kapitel.

Ausübung der Rechte.

§ 72. Begriff und Schranken der Ausübung.

I. Ein Recht wird ausgeübt, wenn der Berechtigte das tut, wozu ihn sein Recht ermächtigt. Je nach der Beschaffenheit des Rechtes sind die Ausübungshandlungen verschieden. Bei den meisten dinglichen Rechten besteht die Ausübung im tatsächlichen Genuß, beim Pfandrecht in der Veräußerung der Sache und der Aneignung des Erlöses; bei Forderungen im Verlangen und Erheben der Leistung; bei Gestaltungsrechten in der Abgabe einer Willenserklärung. Zur Ausübung des Rechtes gehört auch die gerichtliche Geltendmachung der aus dem Recht erwachsenden Ansprüche.

II. Die meisten Privatrechte dienen dem Nutzen des Subjekts Berechtigten; er kann sie daher nach seinem Belieben ausüben oder unausgeübt lassen. Einige Rechte (elterliche Gewalt, Vormundschaft) sind dem Subjekt zum Nutzen einer anderen Person verliehen und daher mit der Pflicht zur Ausübung belastet.

III. Bei der Ausübung des Rechtes müssen fremde Rechte respektiert werden, nicht aber fremde Interessen. Ein Schaden, der durch Ausübung eines Rechtes angerichtet wird, braucht in der Regel nicht ersetzt zu werden (qui jure suo utitur neminem laedit); jedoch gibt es Rechte, deren Ausübung mit Schadensersatz verbunden ist, z. B. das Anfechtungsrecht bei Irrtum, vgl. oben § 61 II.

IV. Für die Ausübung der Rechte bestehen gewisse Schranken:

1. das Schikaneverbot: die Ausübung eines Rechtes ist unzulässig, wenn sie nur den Zweck haben kann, einen anderen zu schädigen (Neidbau), § 226;
2. die Ausübung eines Rechtes kann im einzelnen Fall gegen die guten Sitten verstoßen. Wird in dieser Weise vorsätzlich ein Schaden zugefügt, so liegt ein Delikt vor, § 826. Daraus ergibt sich, daß gegen sittenwidrige Ausübung eines Anspruchs eine Einrede (exceptio doli generalis) erhoben werden kann;
3. für die Forderung ergeben sich Schranken der Ausübung aus Treu und Glauben mit Rücksicht auf die Verkehrsseite, § 242;
4. bei der Ausübung der Grunddienstbarkeiten ist das Interesse des dienenden Eigentümers tunlichst zu schonen, § 1020;
5. für die Rechte der Ehegatten gegeneinander ist die Grenze des Mißbrauchs gezogen, §§ 1353, 1354.

V. Die Ausübung des Rechts erfolgt in der Regel durch das Rechtssubjekt oder durch andere Personen, die in seinem Namen (als Stellvertreter) handeln. Der Berechtigte kann sich verpflichten, die Ausübung des Rechts einem anderen zu überlassen; das geschieht z. B., wenn der Eigentümer oder Nießbraucher die Sache vermietet oder verpachtet. Ausübung eines Rechts durch einen Nichtberechtigten ist möglich, wenn sie in tatsächlichem Genuß besteht. Soweit die Ausübung durch Rechtshandlungen erfolgt (Erhebung einer Leistung, Abgabe einer gestaltenden Willenserklärung), kann ein Nichtberechtigter sie nicht vornehmen: seine Handlung ist unwirksam und läßt das Recht des Berechtigten unberührt.

§ 73. Rangordnung und Kollision von Rechten.

Wenn mehrere Rechte an demselben Objekt bestehen (dingliche Rechte an derselben Sache, Forderungen gegen denselben Schuldner), kann sich ergeben, daß das Objekt zur Befriedigung aller Rechte nicht ausreicht.

I. Unter den mehreren Rechten kann es eine Rangordnung geben, so daß eines der Rechte bei der Befriedigung dem anderen vorgeht. Eine Rangordnung besteht unter dinglichen Rechten; sie richtet sich nach der Priorität (prior tempore potior jure); im Mobiliarrecht entscheidet der Moment der Entstehung des Rechtes (soweit nicht der Schutz des guten Glaubens vorgeht, § 936), bei Grundstücken die Reihenfolge der Eintragungen im Grundbuch. Forderungen gegen denselben Schuldner stehen einander gleich, ohne Rücksicht auf ihr Alter; dagegen entscheidet bei der Vollstreckung unter den durch Pfändung begründeten Pfandrechten die Priorität. Im Konkurse wird gleichmäßige Befriedigung der Gläubiger durchgeführt (par condicio creditorum); es sind aber gewisse Forderungen, nicht wegen ihres Alters, sondern wegen ihres Entstehungsgrundes bevorzugt (Konkursprivilegien, Vorzugsrechte).

II. Wenn mehrere einander gleichstehende Rechte aus dem Objekt nicht befriedigt werden können, liegt Kollision vor. Das Gesetz hat kein allgemeines Prinzip aufgestellt, sondern einzelne Fälle geregelt: für die kollidierenden Verwaltungs- und Nutzungsrechte der Miteigentümer entscheidet Mehrheitsbeschluß bzw. gerichtliche Bestimmung nach billigem Ermessen; unter gleichstarken Grunddienstbarkeiten findet gegenseitige Beschränkung statt durch Regelung der Ausübung nach billigem Ermessen; bei gleichem Anrecht aus einer Auslobung erfolgt Teilung der Belohnung, bei Unteilbarkeit Entscheidung durch das Los, § 659.

§ 74. Schutz der Rechte durch Eigenmacht.

Gegen Rechtsverletzung kann der Schutz des Staates durch Klage angerufen werden. Durch die staatliche Hilfe ist die Eigenmacht verdrängt und nur in bestimmten Fällen zulässig.

I. Erlaubt ist defensive Eigenmacht, Notwehr, gegen einen rechtswidrigen Angriff auf Leib und Leben, Freiheit, Ehre, Vermögen und sonstige Rechtsgüter; § 227; da es sich um Verteidigung eines bestehenden Zustandes handelt, bezieht sich der Schutz durch Notwehr nicht auf das Eigentum, sondern auf den Besitz (§ 859). Vorausgesetzt ist ein gegenwärtiger (nicht ein in der Zukunft drohender) Angriff; ist der Angriff mit Erfolg durchgeführt, so erlischt das Recht der Notwehr; jedoch darf ein Besitzer, dem die Sache durch verbotene Eigenmacht entzogen ist, durch sofortige Gewaltmaßregeln sich der Sache wieder bemächtigen. Der Angriff muß objektiv rechtswidrig, braucht aber nicht verschuldet zu sein; daher kann Notwehr gegen unzurechnungsfähige Menschen geübt werden. Notwehr ist zulässig zum Schutz eines anderen rechtswidrig angegriffenen Menschen (Nothilfe). Die in Notwehr vorgenommene Verletzung des Angreifers darf nicht über das zur Verteidigung erforderliche Maß hinausgehen. Die Überschreitung dieser Grenze (excessus tutelae) ist widerrechtlich und verpflichtet, wenn den Handelnden ein Verschulden trifft, zu Schadensersatz. Ein Wertverhältnis zwischen dem angegriffenen Rechtsgut und dem durch die Notwehr angerichteten Schaden hat das Gesetz nicht zur Voraussetzung der Notwehr erklärt; es ergibt sich aber aus § 826, daß eine schwere Verletzung des Angreifers zum Schutz geringfügiger Güter unzulässig ist.

II. Der Notwehr verwandt (von einigen zum Notstand gerechnet) ist die Verteidigung gegen gefahrdrohende Sachen, insbesondere gegen Tiere, § 228. Zulässig ist, soweit zur Abwendung der Gefahr erforderlich, Beschädigung oder Zerstörung der Sache, wenn der durch die Abwehr angerichtete Schaden nicht außer Verhältnis zu der abzuwendenden Gefahr steht. Hat der Angegriffene die Gefahr selbst verschuldet, z. B. das Tier gereizt, so hat er trotzdem das Recht der Verteidigung, muß aber den dadurch angerichteten Schaden ersetzen. Zerstörung einer fremden Sache wegen einer vermeintlichen Gefahr ist widerrechtlich, aber bei entschuldbarem Irrtum des Täters ersatzfrei.

III. Zur Beseitigung eines rechtswidrigen Zustandes steht dem Benachteiligten der Weg der Klage offen. Eigenmächtige Herstellung des rechtsmäßigen Zustandes durch offensives Vorgehen, **Selbsthilfe**, ist nur ausnahmsweise erlaubt: wenn obrigkeitliche Hilfe nicht rechtzeitig zu haben ist und die Gefahr der Vereitelung oder wesentlichen Erschwerung des Anspruchs besteht, § 229. In solchen Fällen ist zulässig: Wegnahme, Beschädigung oder Zerstörung einer Sache, Festnahme des fluchtverdächtigen Schuldners, Beseitigung des Widerstandes gegen eine Handlung, die der Gegner zu dulden hat. Die Selbsthilfe darf nicht weiter gehen, als erforderlich, und muß unverzüglich durch Beantragung des Arrestes der weggenommenen Sache bzw. des festgenommenen Schuldners gerechtfertigt werden. Unzulässige Selbsthilfe verpflichtet zu Schadensersatz, selbst wenn der Handelnde sich in entschuldbarem Irrtum befand. Auch ohne Vorliegen der allgemeinen Voraussetzungen ist Selbsthilfe zulässig: zum Schutz des gesetzlichen Pfandrechts des Vermieters und nach Landesrecht, Art. 89, zum Schutz von Grundstücken gegen fremde Tiere. Durch Vertrag kann ein Recht zur Selbsthilfe nicht begründet werden.

§ 75. Notstand.

Befindet sich jemand in einer gegenwärtigen Gefahr für Person oder Vermögen, so darf er (oder zu seiner Rettung ein anderer) auf fremde Sachen so weit einwirken, als zur Abwendung der Gefahr erforderlich ist, vorausgesetzt, daß der drohende Schaden unverhältnismäßig größer ist, als der durch die Rettungsmaßregel entstehende Schaden § 904. Die Gefahr kann durch Naturgewalt oder menschliche Handlung herbeigeführt sein: wer z. B., von A angegriffen, sich zur Verteidigung einer Sache des B bedient, befindet sich dieser Sache gegenüber im Notstand. Die Notstandhandlung ist rechtmäßig (und darf daher vom Eigentümer der zur Rettung verwendeten Sache nicht durch Notwehr abgewendet werden), verpflichtet aber den Handelnden zum Ersatz des Schadens. Eine im Notstand vorgenommene Einwirkung auf Leib und Leben eines anderen ist rechtswidrig, aber nach StrGB. § 52 straflos.

Sachverzeichnis.

VERZEICHNIS DER IN DER ENZYKLOPÄDIE ERSCHEINENDEN BEITRÄGE

I. Rechtsphilosophie

II. Rechtsgeschichte

III. Zivilrecht und Zivilprozeß

IV. Strafrecht und Strafprozeß

GPSR Compliance

The European Union's (EU) General Product Safety Regulation (GPSR) is a set of rules that requires consumer products to be safe and our obligations to ensure this.

If you have any concerns about our products, you can contact us on ProductSafety@springernature.com

In case Publisher is established outside the EU, the EU authorized representative is:

Springer Nature Customer Service Center GmbH
Europaplatz 3
69115 Heidelberg, Germany

Batch number: 10845480

Printed by Printforce, the Netherlands